AF471404

METHODE NOUVELLE

OU

PRINCIPES GENERAUX POUR APPRENDRE FACILEMENT LA MUSIQUE, ET L'ART DE CHANTER.

PAR M.R DAVID

dédiée

A MONSIEUR PERRICHON, chevalier de l'ordre du Roy, Con.er d'etat ord.re Prevôt des Marchands et Commandant à Lyon.

Prix ₶ 4

A PARIS

Chez { *M.r de la Chevardiere rue du Roule à la Croix d'Or.*
A Lyon
M.rs les Freres le Goux Place des Cordeliers }

A MONSIEUR, CAMILLE PERRICHON, CHEVALIER DE L'ORDRE DU ROI,

Conſeiller d'Etat Ordinaire ; Prévôt des Marchands ; & Commandant à Lyon.

MONSIEUR,

LES bontés que vous avez eues pour moi, & la protection dont vous m'avez toûjours honoré, autoriſent la liberté que je prens de vous préſenter ce LIVRE DES PRINCIPES DE LA MUSIQUE, *perſuadé que le Public le recevra favorablement, ſitôt qu'il le verra revêtu de votre Approbation. La déli-*

catesse de votre goût, MONSIEUR, *la sublimité de votre Esprit, me sont de sûrs garans, que cette* NOUVELLE MÉTHODE *sera reçue des Maîtres & du Public, par préférence à toutes celles qui ont déja été données :* Et *je suis trop heureux,* MONSIEUR, *que l'honneur que j'ai de placer votre Nom à la tête de mon Ouvrage, fasse connoître à tout le Monde ma reconnoissance, & me procure l'avantage de vous marquer que personne n'est avec plus d'attachement, & un plus profond respect,*

MONSIEUR,

Votre très-humble, & très-obéissant Serviteur
DAVID.

PREFACE.

J'AUROIS tort de tarder plus long-tems à donner la METHODE d'apprendre l'art de chanter, puisque depuis plus de trente années, il a plû à un nombre infini de Personnes de la Ville de Paris, & de celle de Lyon, de m'approuver sur les PRINCIPES que j'y ai enseignés avec tout le succès auquel on pouvoit s'attendre. Ceux & celles à qui j'ai eu l'honneur d'enseigner, ne désavoueront point, qu'en moins d'un an, je ne les aie portés au point de déchiffrer & chanter toutes sortes de Musique, & qu'il ne s'en soit même trouvé plusieurs qui y sont arrivés par la suite de cent cinquante Leçons. Quoique j'aie pris la résolution de ne plus enseigner, je suis encore prêt à l'entreprendre, avec qui voudra répondre à mes attentions; & je le prouve maintenant par le LIVRE que je donne aujourd'hui, & qui renferme tous les PRINCIPES absolument nécessaires pour perfectionner une Personne, par tel Maître dont on voudra faire choix, pourvû qu'il ait, cependant, la capacité de bien faire entonner & pratiquer tous les mouvemens de chaque mesure avec toute la précision requise; puisque sçachant bien le nombre des Leçons inserées dans ce LIVRE, l'Ecolier sera indubitablement à portée d'exécuter tous les *Motets*, *Cantates*, & *Opera* qui lui seront présentés.

On trouvera dans ces PRINCIPES, une conduite d'autant plus réguliere, que je l'ai ſouvent conſultée du vivant de feu Mr BERNIER mon Maître, & dans les converſations fréquentes que j'ai eues avec les plus ſçavans Auteurs du Royaume ; & j'oſe me flatter, que Meſſieurs *Campra*, *Clerambault*, *Dornel*, *Rameau*, *Bertin*, *Niel*, *Campion*, *Forcrois*, *Grenet*, *Daquin*, & autres habiles Profeſſeurs en cet ART, ne me refuſeront pas leur Approbation, & qu'ainſi le Public voudra bien m'honorer de la ſienne.

JE demande donc à Meſſieurs les Maîtres un ſecours, que pour l'honneur de l'ART, ils ne doivent pas me refuſer.

Premierement. De bien faire apprendre la connoiſſance des Elemens de cette METHODE, par celle des Clefs, des Notes, de leurs différentes poſitions, des intonations, de la meſure, de la prononciation & du goût du chant, dont je donne ici l'intelligence par des exemples ſuivis de degré en degré, & dans leſquels on trouvera que la premiere Leçon ſera jointe à la ſeconde, que la premiere & ſeconde ſeront jointes à la troiſieme, & qu'ainſi toutes les difficultés paſſées de l'une à l'autre Leçon, ſeront aiſées à ſurmonter, par la grande pratique que j'en fais prendre dans les Leçons ſuivantes.

Pour abreger & prendre ces PRINCIPES dans une grande ſimplicité, & auſſi pour en faciliter la pratique aux enfans, ce qui vraiſemblablement ſera plus facile aux perſonnes capables de s'appliquer.

Il faut sçavoir, qu'il y a trois Clefs de différentes figures, & que chaque Clef donne son nom à la Note qui est posée sur l'une des cinq lignes paralleles, ou portées, destinées pour la position des Clefs & des Notes.

Les cinq lignes paralleles représentent l'Echelle de la *Gamme*; la *Gamme* est l'Alphabet où l'on apprend l'arrangement des Clefs & des Notes, montant & descendant par degrés de l'une à l'autre Note. La Note prend sa figure de l'O ; il y en a de différentes façons, & chaque figure différente leur donne aussi une valeur différente pour la durée, ou prolation qu'elles doivent avoir pour chaque mouvement de la mesure.

J'ai désigné la *Gamme* de deux manieres, l'une par l'ancienne que j'ai portée à l'étendue de deux *Octaves*, pour marquer & désigner la position des Clefs dans leur diapazon, ou la distance dont elles sont éloignées des unes des autres, & marquer aussi leur destination pour chaque genre de voix, & celui des Instrumens à qui elles sont distribuées par leur position.

La deuxieme façon dont je me suis servi pour démontrer la *Gamme* dans une simplicité plus grande & plus naturelle, & dont l'embarras est moins grand, est celle que j'adopte pour faciliter seulement aux Ecoliers la nomination des Notes; Elle est l'abregé de la premiere, & suffisamment utile pour la dénomination des Notes. Dans cette Echelle sont renfermées les sept

Notes, dont l'origine des noms par monoſyllabes, *ut*, *re*, *mi*, *fa*, *ſol*, *la*, *ſi*, eſt tirée de l'Hymne de Saint Jean-Baptiſte. 1er. verſet : *Ut queant laxis*, 2e. verſ. *Reſonare fibris.* 3e. verſ. *Mira geſtorum.* 4e. verſ. *Famuli tuorum.* 5e verſ. *Solve polluti.* 6e verſ. *Labii reatum.* 7e verſ. *Sancte Joannes.*

Il faut faire attention que ces ſept Notes emploient les cinq voyelles de l'Alphabet, elles ſont d'un grand uſage pour ouvrir la facilité de bien prononcer, & lorſqu'elles ſeront articulées dans le vrai, elles feront ouvrir la bouche & deſſerrer les dents, de maniere qu'on ne chantera jamais du nez ni de la gorge. Lorſqu'on aura pris la connoiſſance des Clefs & des Notes dans tous les degrés, il faudra paſſer à leur emploi; obſerver la valeur de chaque Note, les faire valoir par chacun des mouvemens de deux, trois, & quatre tems, de même qu'il eſt bien diſtinctement marqué à la ſuite de ces PRINCIPES. Je me renferme ici dans ſept PRINCIPES eſſentiels. *Premïerement.* Il faut prendre la connoiſſance des Notes dans tous les degrés déſignés par les Clefs, & apprendre que c'eſt la ligne qui tranche le trait circulaire qui forme la Clef de *ſol*, qui en déſigne la poſition; que c'eſt celle qui ſépare les deux quarrés qui forme la Clef d'*ut*, qui en déſigne la poſition, & que c'eſt celle qui ſépare les deux points, qui fixent & forment la Clef de *fa*, qui en déſignent la poſition. On en trouvera l'exemple à la *Gamme* ci-après, p. 9. *Deuxiemement.* Il faut ſe former la juſteſſe des tons & demi-tons dans tous les intervalles, pour aſſurer l'intonation & la fermeté des tons portés de l'un à l'autre degré. *Troiſiemement*. Il faut ſe fixer la préciſion des mouvemens, & ne jamais chanter ſans battre la meſure, aprés, cependant, avoir pris la connoiſſance des Notes, & s'en être formé l'intonation. *Quatriemement*. Il faut faire une grande attention ſur la maniere de jetter ſa voix & porter ſes ſons avec douceur, & les ſoutenir avec force; c'eſt de-là qu'on connoît qu'une perſonne a des ſentimens, & qu'il donne l'ame au corps de ſa voix. *Cinquiemement*. Il faut obſerver le genre de chaque tremblement par les battemens du goſier; pour former les cadences de toutes eſpeces, telles qu'elles ſont marquées dans cette METHODE. *Sixiemement*. Il faut s'aſſujettir à une prononciation nette & épurée, raiſonner ſur les conſtructions, n'interrompant point une phraſe, & ne coupant point le ſens de ce qu'on lit, & de ce qu'on débite, enjambant de la fin d'une phraſe ſur le commencement d'une autre, ou partageant ſouvent un mot en deux, à défaut d'avoir pris ſa reſpiration, ou ſon baleine à propos. *Septiemement*. Il faut obſerver tous les ſignes appropriés pour le chant, ainſi que ceux indiqués pour cauſes accidentelles dans le cours d'une Piéce de Muſique, ce qu'on trouvera bien expliqué & intelligiblement rendu dans ces PRINCIPES, & c'eſt par le moyen de cette METHODE qu'on pourra aiſément & en peu de tems parvenir à la perfection de bien chanter, ſans être obligé de verbiager par une infinité de mots inutiles, &

termes inconnus presque à tous ; dont plusieurs Auteurs se servent pour raisonner sur l'origine de la Musique, citer des divisions Mathématiques par fractions du ton & semi-ton majeur ou mineur ; qui ne se rapportent qu'à la théorie de l'harmonie, & que je pourrai donner dans la suite.

Ce Livre tend seulement à la pratique du chant qu'on appelle Mélodie, parcequ'il n'est produit que par des sons qui se succedent les uns aux autres, au lieu que l'harmonie est composée de plusieurs sons qui se font entendre à la fois.

Mais comme les personnes qui ont assez de pratique dans le chant, veulent connoître la composition, j'en donnerai ensuite un Traité, où je me flatte de mettre un Abregé de ce qu'en ont écrit nos plus célébres Auteurs, en y joignant ce que l'expérience m'en a appris. Mes vues dans les Principes que je donne aujourd'hui, ont été de rendre service aux Personnes qui veulent apprendre la Musique, & à Messieurs les Maîtres ; ces derniers sont obligés d'écrire & de noter beaucoup de Leçons à leurs Ecoliers ; c'est un tems perdu que l'Ecolier & le Maître pourront regagner par mon travail. Heureux si le Public veut bien me tenir compte de mon zèle pour son service.

L'ORDRE DE LA GAMME, OU ALPHABET

Pour L'arrangement des Clefs et des Nottes.

Gamme		
E	si	mi
D	la	re
C	sol	ut
B	fa	si
A	mi	la
G	re	sol
F	ut	fa
E	si	mi
D	la	re
C	sol	ut
B	fa	si
A	mi	la
G	re	sol
F	ut	fa
E	si	mi
D	la	re
C	sol	ut
B	fa	si
A	mi	la
G	re	sol
F	ut	fa

IL N'Y A QUE TROIS CLEFS A LA MUSIQUE

SÇAVOIR

LA CLEF DE SOL, posée sur la première, et seconde ligne.

octave

sol. la. si. ut. re. mi. fa. sol.

LA CLEF D'UT posée sur la première, seconde, troisième, et quatrième ligne.

octave

ut re mi fa sol la si ut

LA CLEF DE FA posée sur la troisième, et quatrième ligne.

octave

comme dans l'impression. fa sol la si ut re mi fa

Il n'y a que sept nottes à la musique, sçavoir, ut. re. mi. fa. sol. la. si. et l'ut répetté au dessus du si forme l'octave.

échelle	mi	re	ut	si	la	sol	fa	mi	re	ut	si	la	sol	fa	mi	re	ut	si	la	sol

L'octave est composée de treize sons qui forment douze demi tons majeurs ou mineurs et les douze demi tons forment cinq tons pleins et séparément les deux demi tons du mi au fa, et du (si à l'ut) et comme chacune des sept nottes ont leurs répetition au dessus du septième dégré on en désolopera icy leurs octaves.

EXEMPLE

8	ut	re	mi	fa	sol	la	si	8
7	si	ut	re	mi	fa	sol	la	7
6	la	si	ut	re	mi	fa	sol	6
5	sol	la	si	ut	re	mi	fa	5
4	fa	sol	la	si	ut	re	mi	4
3	mi	fa	sol	la	si	ut	re	3
2	re	mi	fa	sol	la	si	ut	2
I	ut	re	mi	fa	sol	la	si	I

Le Son n'a aucune proportion n'y intervalle; il est seulement le principe du ton et du demi ton, et il differe du ton, ou du demi ton majeur ou mineur, en cequ'il ne faut qu'vne seule notte pour former un son, et qu'il en faut deux pour former un ton, ou demi ton majeur, ou mineur.

Le demi ton mineur ne se trouve jamais que sur la même ligne ou dans le même espace d'une ligne à une autre, haussant la notte qui doit déterminer le demi ton par le moyen d'un dieze ou la baissant par le moyen d'un b mol.

Signes jndiqués pour la mutation des Tons et des demi Tons .

♭ Signe du b mol qui sert à faire baisser ou diminüer d'un demi ton, la notte sur laquelle jl est posé, et la fait appeller fa; Mais jl est plus à propos de luy conserver son nom naturel.

✱ Signe du dieze ou diez-is, qui sert à faire hausser ou augmenter d'un demi ton la notte sur laquelle jl est posé.

♮ Signe du b carre, qui sert à remettre la notte sur laquelle jl est posé dans son ton naturel soit qu'elle en ait été derangée par le b mol, ou par le dieze.

EXEMPLE du son, du demi ton majeur, et mineur, et du ton plein.

PROGRESSION DE L'ETENDUE DE L'OCTAVE PAR LES TONS PLEINS.
Le ton plein est composé de deux demi tons, l'un majeur et l'autre mineur.
mediante.
dominante.
notte sensible.
octave.
1
2
3
4
5
6
7
un ton
un ton
demi ton majeur
un ton
un ton
un ton
demi ton majeur
Progression de tous les intervalles de l'octave, par les degrés de seconde.
Seconde majeure composée d'un ton.
Seconde mineure, d'un demi ton majeur.
Seconde superflüe, d'un ton et d'un demi ton mineur.
Seconde diminuée, d'un demi ton maj. diminué d'un Coma.
tierce majeure, de deux tons pleins.
tierce mineure, d'un ton et d'un demi ton majeur.
tierce superflüe, de deux tons et d'un demi ton mineur.
tierce diminuée, de deux demi tons majeurs.
quatriême, ou quarte, composée de deux tons et d'un demi ton majeur.
quarte superflüe, ou triton, composée de trois tons.
quarte diminüée, d'un ton et de deux demi tons majeurs.

quinte composée de
d'un demi ton majeur.
quinte superflüe composée de
quatre tons.
quinte diminüée ou fausse
quinte de deux tons et de deux
demi tons majeurs.
sixte majeure composée
de quatre tons et d'un
demi ton majeur.
sixte mineure composée
de trois tons et deux
demi tons majeurs.
sixte superflüe composée
de cinq tons.
sixte diminüée de deux
tons et trois demi tons
majeurs.
septième majeure composée de
cinq tons et d'un demi ton majeur.
septième mineure composée de
quatre tons et de deux demi tons
majeurs.
septième diminüée composée de
trois tons et de trois demi tons
majeurs.
octave composée de cinq tons
et de deux demi tons majeurs.
octave superflüe composée de
six tons et d'un demi ton mineur.
octave diminüée composée de
quatre tons, et de trois demi tons
majeurs.
Proportion de l'unisson selon la position des clefs. L'unisson est une notte
qui se trouve en meme degré avec une autre.
ut. ut. ut. ut. ut.

Diapazon ou proportion de l'étendue des clefs.
ut. re. mi. fa. sol. la. si. ut.
ut. si. la. sol. fa. mi. re. ut
Leçons pour la lecture des nottes par la clef d'ut posée sur la première ligne.
ut. re. mi. fa. sol. la. si. ut. ut. si. la. sol. fa. mi. re. ut.
ut. si ut. re. ut. re. mi. re. mi. fa. mi. fa. sol. fa. sol. la. sol. la. si. la. si. ut.
ut. si. ut. re. ut. re. mi. re. mi. fa. mi. fa. sol. fa. sol. la. sol. fa. mi. re. ut

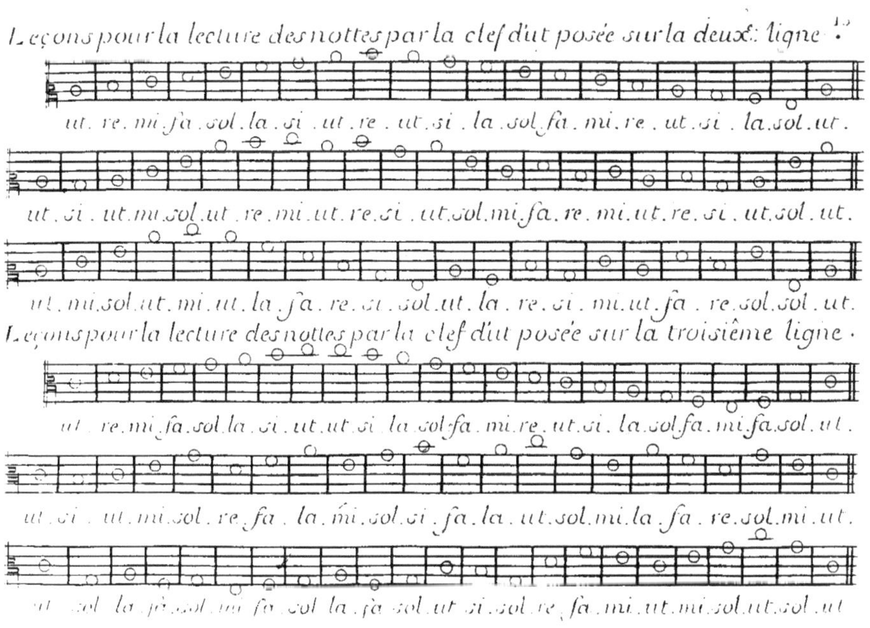
Leçons pour la lecture des nottes par la clef d'ut posée sur la deuxe. ligne
ut. re. mi. fa. sol. la. si. ut. re. ut. si. la. sol. fa. mi. re. ut. si. la. sol. ut.
ut. si. ut. mi. sol. ut. re. mi. ut. re. si. ut. sol. mi. fa. re. mi. ut. re. si. ut. sol. ut.
ut. mi. sol. ut. mi. ut. la. fa. re. si. sol. ut. la. re. si. mi. ut. fa. re. sol. sol. ut.
Leçons pour la lecture des nottes par la clef d'ut posée sur la troisième ligne.
ut. re. mi. fa. sol. la. si. ut. ut. si. la. sol. fa. mi. re. ut. si. la. sol. fa. mi. fa. sol. ut.
ut. si. ut. mi. sol. re. fa. la. mi. sol. si. fa. la. ut. sol. mi. la. fa. re. sol. mi. ut.
ut. sol. la. fa. sol. mi. fa. sol. la. fa. sol. ut. si. sol. re. fa. mi. ut. mi. sol. ut. sol. ut

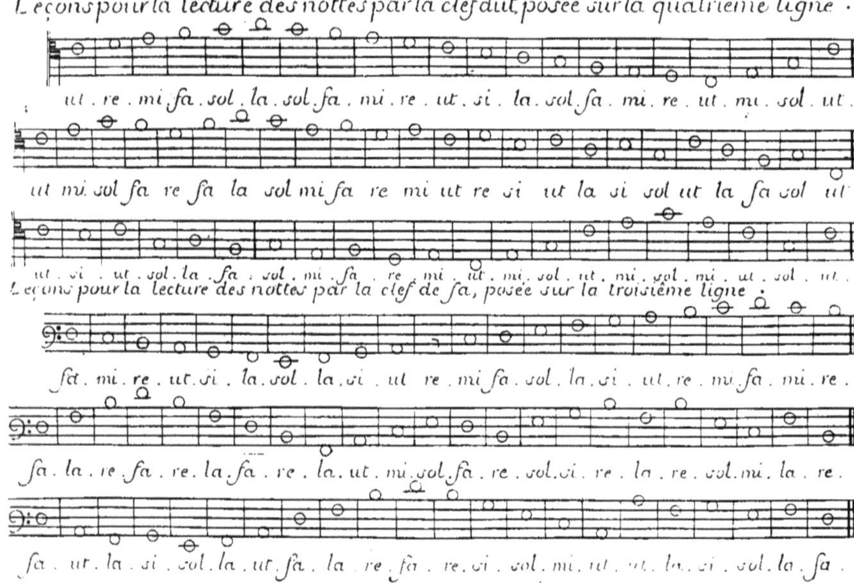
Leçons pour la lecture des nottes par la clef d'ut, posée sur la quatrième ligne.
ut . re . mi fa . sol . la . sol . fa . mi . re . ut . si . la . sol fa . mi . re . ut . mi . sol . ut .
ut mi sol fa re fa la sol mi fa re mi ut re si ut la si sol ut la fa sol ut
ut . si . ut . sol . la . fa . sol . mi . fa . re . mi . ut . mi . sol . ut . mi . sol . mi . ut . sol . ut .
Leçons pour la lecture des nottes par la clef de fa, posée sur la troisième ligne.
fa . mi . re . ut . si . la . sol . la . si . ut re . mi fa . sol . la . si . ut . re . mi fa . mi . re .
fa . la . re fa . re . la fa . re . la . ut . mi sol fa . re . sol . si . re . la . re . sol . mi . la . re .
fa . ut . la . si . sol . la . ut fa . la . re . fa . re . si . sol . mi . ut . ut . la . si . sol . la . fa .

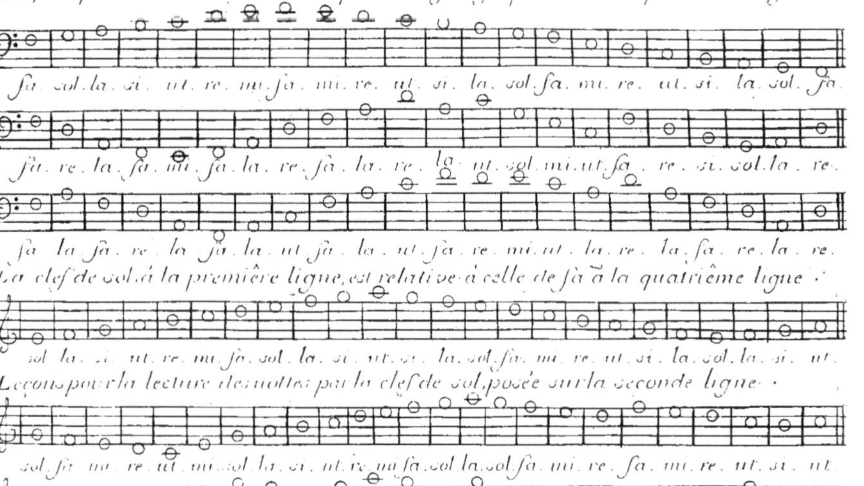
Leçons pour la lecture des nottes par la clef de fa posée sur la quatrième ligne
fa. sol. la. si. ut. re. mi. fa. mi. re. ut. si. la. sol. fa. mi. re. ut. si. la. sol. fa.
fa. re. la. fa. mi. fa. la. re. fa. la. re. la. ut. sol. mi. ut. fa. re. si. sol. la. re.
fa. la. fa. re. la. fa. la. ut. fa. la. ut. fa. re. mi. ut. la. re. la. fa. re. la. re.
La clef de sol, à la première ligne, est relative à celle de fa à la quatrième ligne
sol. la. si. ut. re. mi. fa. sol. la. si. ut. si. la. sol. fa. mi. re. ut. si. la. sol. la. si. ut.
Leçons pour la lecture des nottes par la clef de sol, posée sur la seconde ligne
sol. fa. mi. re. ut. mi. sol. la. si. ut. re. mi. fa. sol. la. sol. fa. mi. re. fa. mi. re. ut. si. ut.
sol. la. si. sol. ut. mi. sol. fa. re. fa. la. sol. mi. sol. ut. la. fa. re. sol. si. re. fa. re. ut.

Observation, sur les differentes positions des nottes par degrés conjoints.

FIGURES ET VALEUR DES NOTTES ANTIQUES ET MODERNES.

NOTTES ANTIQUES.		NOTTES MODERNES.	
Maxime	1	*Ronde*	1
Longues	2	*Blanches*	2
Brèves	4	*Noires*	4
Semi brèves	8	*Croches*	8
Minimes	16	*Doubles Croches*	16

L'on voit dans cette tablature que la maxime vaut deux longues.
Qu'une longue vaut deux brèves. Qu'une brève vaut deux semi brèves.
Qu'une semi brève vaut deux minimes.
Vne ronde vaut deux blanches. Vne blanche vaut deux noires.
Vne noire vaut deux croches. Vne croche vaut deux doubles croches.
Vne double croche vaut deux triples croches, &c.
La blanche croche vaut une noire.
La blanche double croche vaut une noire croche. &c

Les croches et les doubles croches liées ensemble par deux ou par quatre ou par huit ne sont de même valeur que celles qui ne le sont pas; de même que les nottes qui ont la queue montante, ne different en rien, de celles qui l'ont descendante. Exemple

Explication de la valeur des points.

Un point immediattement apres une notte, vaut la moitié de celle qui le précede.

Exemple.

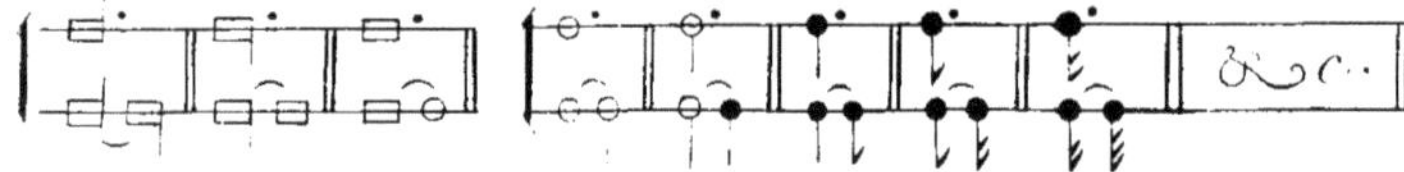

Le point fait le meme effet que la sincope, Excepté que la notte sincopée dans telle mesure que ce soit, donne moitié de sa valeur dans un tems de la mesure, et l'autre moitié dans le tems suivant. ce qu'on observera dans les leçons cy apres. voyez page 43, et 49.

OBSERVATION *sur les différens Mouvemens de la Mesure, & des Vibrations qui doivent déterminer chaque tems.*

TOUS les Mouvemens de deux, trois ou quatre tems, sont déterminés par la valeur des Notes qui sont employées dans chaque Mesure ; & elles ne se battent, ou plus ou moins vîte, qu'autant que les Notes qui y sont employées ont de durée : & comme la Note ronde, selon les Modernes, est le premier objet & le premier principe de la valeur des autres, il faut la fixer pour le tems le plus lent, puisqu'elle doit avoir une fois plus de durée que la blanche, quatre fois plus de durée que la noire, huit fois plus que la croche, & seize fois plus que la double croche. Il faut donc, pour régler chaque mouvement, prendre le tems que doit durer une ronde, pour la réduire dans sa juste précision, & lui donner la prolation ou la durée qu'elle doit avoir dans chaque Mesure, ou dans chaque tems, d'une, ou deux, ou quatre, ou huit, ou seize vibrations que doit avoir sa valeur ou sa durée. Comme la blanche, la noire, la croche, & la double croche, &c. dérivent de la ronde, elles auront proportionnément leur durée & leur prolation dans la Mesure ; & lorsqu'on aura fixé le premier tems de la Mesure, il sera aisé de fixer les autres, par la même durée ou prolation du premier, selon la quantité des mouvemens dont on doit remplir la Mesure, pour le mouvement vif, comme pour le lent. Il ne suffit pas de sçavoir seulement la valeur & la prolation ou durée de chacune des Notes : il faut encore sçavoir les mettre en pratique dans chacun des mouvemens, & pour en faciliter l'un & l'autre, commencer par les mouvemens de la Mesure de deux tems, par des exemples simples, intelligibles & ordinaires, & ensuite faire connoître les composés de cette Mesure dans les mouvemens irréguliers, par son premier principe; & pour lors la Mesure des mouvemens de trois & de quatre tems sera très-facile à apprendre, puisque la Mesure de trois & de quatre tems dérive de celle de deux. Comme chaque Mesure ou mouvement se fait connoître par un signe approprié à celui qu'on veut indiquer, l'on employe le chiffre deux, & quelquefois aussi un C barré de cette façon C, pour marquer, ou indiquer la Mesure simple & ordinaire de deux tems : un trois de chiffre, pour marquer la Mesure simple de trois tems; & un C pour marquer celle de quatre tems. Il est à propos, & même très-nécessaire de prendre la connoissance des trois principaux mouvemens de 2. 3. & 4. tems, avant que de vouloir pratiquer leurs composés : ainsi il faut avoir recours aux Leçons suivantes, qui traitent des mouvemens simples de 2. 3. & 4. tems, dont je donne ici une idée juste, & dont la dérivaison se trouve raisonnée par la valeur des Notes.

Des Mouvemens de la Mesure de deux tems.

LES mouvemens marqués par $\frac{2}{1}$ se terminent en deux tems, employant une ronde ou deux blanches, ou quatre noires, ou huit croches pour chaque tems, & observer que ces deux tems doivent avoir leurs mouvemens égaux; & que la durée de l'un & de l'autre soit avec la même précision que le marque le balancier d'un horloge dans son juste mouvement. Il faut y employer les Notes destinées à chaque tems de la Mesure avec la même précision, & observer aussi que celles distribuées par une, ou par deux pour chaque tems de la Mesure, doivent se passer avec une égale durée. Mais lorsqu'il s'en trouve quatre distribuées pour chaque tems de la Mesure, généralement quelconques, il faut demeurer, &

reſter ſur la premiere des deux, continuant de deux en deux, de même que ſi la premiere avoit après elle un point qui l'augmentât de la moitié de ſa valeur; de ſorte qu'ayant dérobé la moitié de la valeur de la ſeconde Note par ce point ſuppoſé, il faudra que la ſeconde ſe paſſe au quart de la valeur de la premiere, quand même il s'en trouveroit huit ou ſeize de ſuite, excepté dans les Meſures compoſées & irrégulieres.

II. Les mouvemens marqués par $\frac{2}{2}$ ou ſimplement par un 2. & auſſi quelquefois par un *C* barré, ſe terminent en deux tems, faiſant, ou employant une blanche, ou deux noires, ou quatre croches, ou huit doubles croches pour chaque tems, exprimant ces mouvemens avec une fois moins de lenteur que les précédens, & donnant la préciſion qu'exige la valeur de chaque Note, obſervant toujours la maniere de diſtribuer celles qui ſe trouvent par deux, ou par quatre pour chaque tems.

III. Les mouvemens marqués par $\frac{2}{4}$ & auſſi par $\frac{4}{8}$ ſe terminent en deux tems, avec une fois moins de lenteur que les précédens, employant une noire ou deux croches, ou quatre doubles croches pour chaque tems.

IV. Les mouvemens marqués par $\frac{4}{16}$ ſe terminent en deux tems avec une fois moins de lenteur que les précédens, employant une croche, ou deux doubles croches, ou quatre triples croches pour chaque tems.

Des Meſures, ou Mouvemens irréguliers, compoſés de celle de deux.

LES Mouvemens compoſés de la Meſure ſimple de deux tems, font employer trois Notes dans chaque tems, pour deux qu'on emploie dans la Meſure ſimple; & comme chaque Note conſerve toujours ſa même valeur & ſa même durée ou prolation dans quelques Mesures ou Mouvemens que ce puisse être, l'on employera à chaque tems des Mouvemens composés un tiers de plus qu'aux Mouvemens simples & ordinaires, donnant trois rondes, ou trois blanches, ou trois noires, ou trois croches, ou trois doubles croches, pour deux de la Mesure simple, selon les mouvemens qui seront marqués, & les Notes qui y seront employées : & quoiqu'il semble qu'on doive passer les trois Notes d'égale valeur, distribuées pour chaque tems ; il faut cependant, pour le goût du chant donner un peu plus de force, ou de durée à la premiere qu'aux deux autres. Mais lorsqu'il s'en trouve six, ou douze pour chaque tems, il faut les passer de la premiere à la seconde, &c. de même que si la premiere avoit un point qui la suivît & qui l'augmentât de la moitié de sa valeur, de même qu'il est expliqué ci-devant.

EXPLICATION des Mouvemens composés de la Mesure de deux tems.

LES Mouvemens marqués par $\frac{6}{1}$ se terminent en deux tems par vibrations égales, employant trois rondes, ou six blanches, &c. pour chaque tems.

II. Les Mouvemens marqués par $\frac{6}{2}$ se terminent en deux tems, employant trois blanches, ou six noires pour chaque tems.

III. Les Mouvemens marqués par $\frac{6}{4}$ se terminent en deux tems, employant trois noires ou six croches pour chaque tems.

IV. Les Mouvemens marqués par $\frac{6}{8}$ se terminent en deux tems, employant trois croches ou six doubles croches pour chaque tems.

V. Les Mouvemens marqués $\frac{6}{16}$ se terminent en deux tems, employant trois doubles croches, ou six triples croches pour chaque tems.

Des Mouvemens, ou de la Meſure à trois tems.

IL faut ajouter un tiers à la Meſure précédente de deux tems, & l'on trouvera tous les Mouvemens de trois tems expliqués par la même prolation, ou la même durée des Notes.

I. Les Mouvemens marqués par $\frac{3}{1}$ ſe terminent en trois tems, employant une ronde, ou deux blanches, ou quatre noires pour chaque tems.

II. Les Mouvemens marqués par $\frac{3}{2}$ ſe terminent en trois tems, employant une blanche, ou deux noires, ou quatre croches pour chaque tems.

III. Les Mouvemens marqués par $\frac{3}{4}$ ſe terminent en trois tems, employant une noire, ou deux croches, ou quatre doubles croches pour chaque tems.

IV. Les Mouvemens marqués par $\frac{3}{8}$ ſe terminent en trois tems, employant une croche, ou deux doubles croches, ou quatre triples croches pour chaque tems.

V. Les Mouvemens marqués par $\frac{3}{16}$ ſe terminent en trois tems, employant une double croche, ou deux triples croches pour chaque tems.

Il faut obſerver que ſelon l'uſage des François, toutes les Notes qui ſont diſtribuées par deux pour chaque tems de la Meſure de trois, ſe paſſent de même que ſi la premiere des deux étoit pointée.

De la Meſure, ou des Mouvemens compoſés de celle de trois tems.

I. LES Mouvemens marqués par $\frac{9}{1}$ ſe terminent en trois tems, employant trois rondes, ou ſix blanches pour chaque tems.

II. Les Mouvemens marqués par $\frac{9}{2}$ ſe terminent en trois tems, employant trois blanches, ou ſix noires pour chaque tems.

III. Les Mouvemens marqués par $\frac{9}{4}$ ſe terminent en trois tems, employant trois noires, ou ſix croches pour chaque tems.

IV. Les Mouvemens marqués par $\frac{9}{8}$ ſe terminent en trois tems, employant trois croches, ou ſix doubles croches pour chaque tems.

V. Les Mouvemens marqués par $\frac{9}{16}$ ſe terminent en trois tems, employant trois doubles croches, ou ſix triples croches pour chaque tems.

Des Mouvemens de la Meſure des quatre tems.

LA Meſure de quatre tems eſt l'origine de tous les autres mouvemens : c'eſt en elle que chaque valeur des Notes eſt plus préciſément déſignée ; & ſes mouvemens ſe marquent par un *C*, & quelquefois auſſi par le *C* barré, employant une noire, ou deux croches, ou quatre doubles croches pour chaque tems, obſervant une prolation égale pour les Notes employées dans chaque Meſure, excepté celles qui y ſont employées par quatre, ou par huit pour chaque tems, qu'on paſſera de même que s'il y avoit un point qui ſuivît la premiere.

De la Meſure, ou des Mouvemens compoſés de celle de quatre tems.

I. LES Mouvemens marqués par $\frac{12}{1}$ ſe terminent en quatre tems, employant trois rondes, ou ſix blanches pour chaque tems.

II. Les Mouvemens marqués par $\frac{12}{2}$ ſe terminent en quatre tems, employant trois blanches ou ſix noires pour chaque tems.

III. Les Mouvemens marqués par $\frac{12}{4}$ se terminent en quatre tems, employant trois noires, ou six croches pour chaque tems.

IV. Les Mouvemens marqués par $\frac{12}{8}$ se terminent en quatre tems, employant trois croches, ou six doubles croches pour chaque tems.

V. Les Mouvemens marqués par $\frac{12}{16}$ se terminent en quatre tems, employant trois doubles croches, ou six triples croches pour chaque tems.

Il faut remarquer que les Mesures ou Mouvemens marqués & indiqués par les chiffres $\frac{2}{1}$ || $\frac{2}{16}$ || $\frac{6}{1}$ $\frac{6}{2}$ $\frac{6}{16}$ || $\frac{3}{1}$ $\frac{3}{16}$ || $\frac{9}{1}$ $\frac{9}{2}$ $\frac{9}{16}$ || $\frac{12}{1}$ $\frac{12}{2}$ $\frac{12}{16}$ || ne sont point en usage; mais comme 2 tire son origine de un, & qu'ainsi tous ces Mouvemens dérivent de l'un & de l'autre, on peut, & il est même à propos de les mettre tous en pratique. Un raisonnement naturel doit faire aisément comprendre, qu'il n'y a que deux principaux Mouvemens, ou deux maniéres essentielles de battre la Mesure, qui sont celles de deux & de trois tems; car celle de deux tems doublés, est transmise à celle de quatre tems, proportionnément à la valeur des Notes qu'on doit employer dans la Mesure; & si les Auteurs vouloient y faire attention, ils n'admettroient que ces deux mouvemens de la Mesure de deux, & de trois tems, dans toutes les Pieces de leur composition, pour en rendre l'exécution plus facile.

Il faut observer, que pour bien battre la Mesure, il est essentiel de faire sentir la précision de chaque tems, s'atrêtant sur chacun de ceux de 1. & 2. pour la Mésure de deux tems; ou 1. 2. & 3. pour celle de trois tems; ou 1. 2. 3. & 4. pour celle de quatre tems.

Des Notes lourées, & supposées licencieusement dans certains tems de la Mesure de deux, ou trois, ou quatre tems.

LES Notes lourées sont celles qui se trouvent souvent dans un tems pair de la Mesure, où l'on admet trois rondes ou trois blanches, ou trois noires, ou trois croches, ou trois doubles croches, pour un tems, & pour lequel on n'en employe ordinairement que deux; pour lors il faut passer les trois Notes lourées ou supposées, dans le même intervalle de tems, qu'on seroit à passer les deux Notes ordinaires & assujetties dans chaque tems de la Mesure.

Démonstration de tous les différents mouvements, avec la manière de diriger chaque tems de la mesure

Les mouvements de la mesure de deux tems se désignent par un frapé baissant la main pour marquer le premier tems, et levant la main pour marquer le second tems.

2.e tems en levant.

$\frac{2}{1}$ . . . .

1.er tems en frapant.

Ces mouvements sont rares. Voyez page 22.

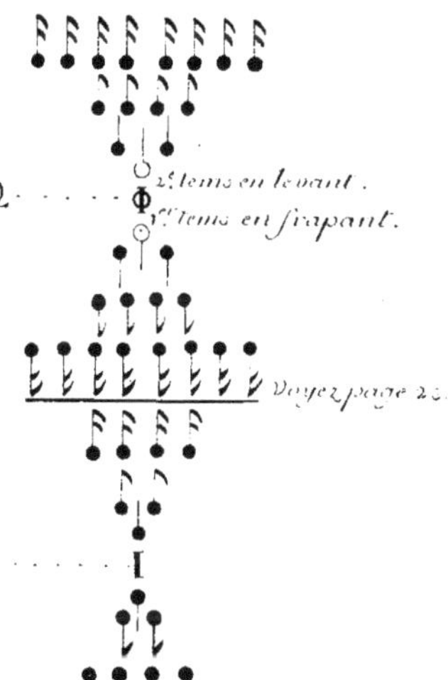

$\frac{2}{2}$ ou ₵ ou 2 . . . . .

$\frac{2}{4}$ ou $\frac{4}{8}$ . . . .

2/8 ou 4/16

Voyez page 24

Des mouvements composés de la mesure de deux tems. Voyez page 24.

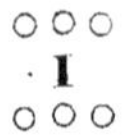

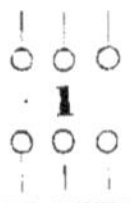

Voyez page 25.

Voyez page 25.

6/8

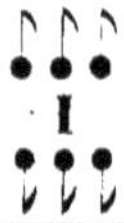

Voyez page 25

6/16

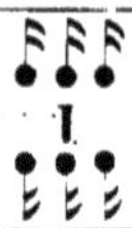

Voyez page 25.

De la mesure de trois tems.

Les mouvements de la mesure de trois tems se désignent par un [illegible] baissant la main pour marquer le premier tems et la conduisant à la droite pour marquer le deuxième tems, et tirant à demi gauche en la levant pour le trois.e tems.

3/4

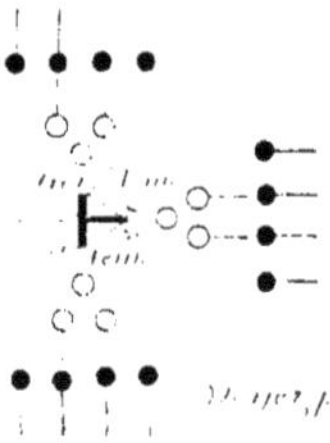

Voyez page 25.

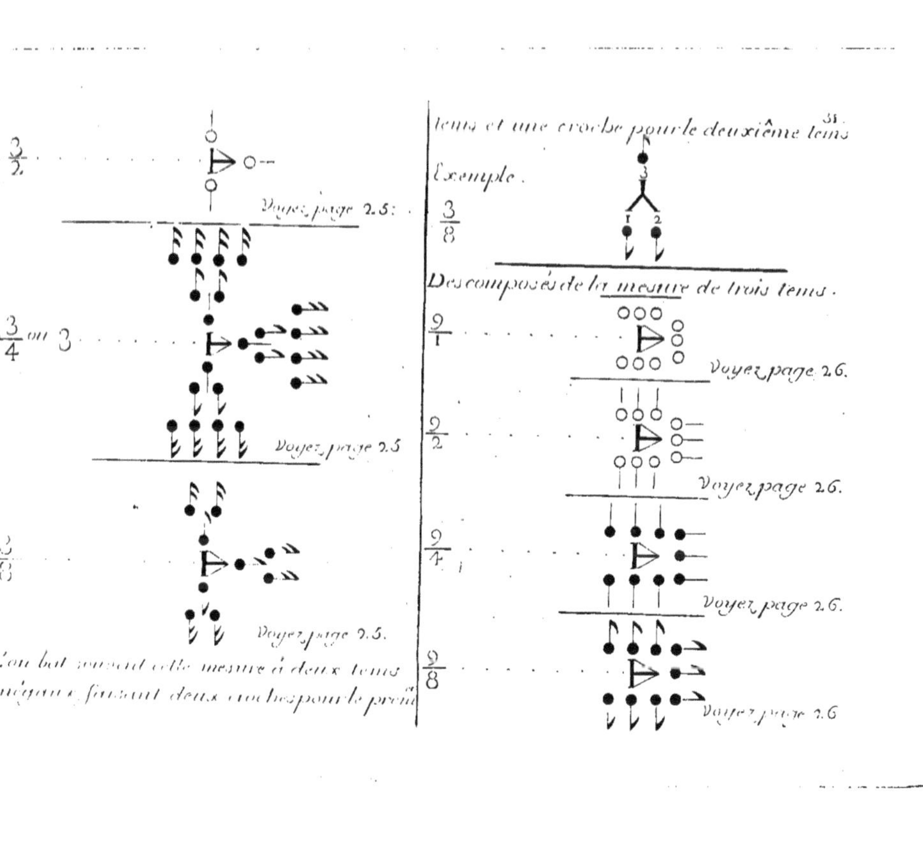
3/2
Voyez page 25.
3/4 ou 3
Voyez page 25
3/8
Voyez page 25.
L'on bat souvent cette mesure à deux tems
inégaux faisant deux croches pour le prem[ier]
tems et une croche pour le deuxième tems
Exemple.
3/8
1
2
3
Des composés de la mesure de trois tems.
9/1
Voyez page 26.
9/2
Voyez page 26.
9/4
Voyez page 26.
9/8
Voyez page 26

32. ..mouvements de la mesure de quatre tems.

..s mouvements de la mesure de quatre-..ems se désignent par un frapé baissant la ..ain pour marquer le premier tems. et por..t la main vers la gauche pour marquer ..second tems. allant horizontalement à la ..oite pour marquer le troisième tems. et ..ant à gauche en levant pour marquer ..quatrième tems. Voyez page 26.

4 tems
2 tems
3 tems
1 tems

Des composez de la mesure de quatre tems. Voyez page 27.

$\frac{12}{1}$ Voyez page 27.

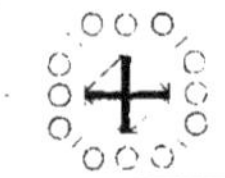

$\frac{12}{2}$ Voyez page 27.

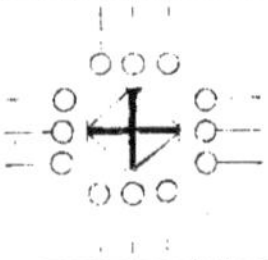

$\frac{12}{4}$ Voyez page 27.

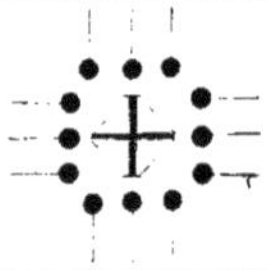

$\frac{12}{8}$ Voyez page 27.

Il faut expliquer icy les raisons qui font mettre, ainsy, les nombres, $\frac{2}{1}$ $\frac{2}{2}$ $\frac{2}{4}$ $\frac{2}{8}$ $\frac{4}{8}$ $\frac{4}{16}$ ‖ $\frac{6}{1}$ $\frac{6}{2}$ $\frac{6}{4}$ $\frac{6}{8}$ $\frac{6}{16}$ ‖ $\frac{3}{1}$ $\frac{3}{2}$ $\frac{3}{4}$ $\frac{3}{8}$ ‖ $\frac{9}{1}$ $\frac{9}{2}$ $\frac{9}{4}$ $\frac{9}{8}$ ‖ $\frac{12}{1}$ $\frac{12}{2}$ $\frac{12}{4}$ $\frac{12}{8}$ ‖ Disant que le chiffre superieur désigne la quantité des nottes qui se trouvent employées dans chaque mesure et que le chiffre inférieur désigne la qualité ou la valeur des nottes. comme $\frac{2}{1}$ désigne deux rondes dans la mesure. $\frac{2}{2}$ désigne deux blanches. $\frac{2}{4}$ désigne deux noires. $\frac{2}{8}$ désigne deux croches. parceque la ronde étant le premier principe des nottes, n'est qu'une, et que la blanche est seconde partie de la ronde, que la noire est quatrième partie de la ronde, que la croche est huittième partie de la ronde, et que la double croche est la seizième partie de la ronde.

Figures ou valeur des poses ou silences.

8 — baton valant huit mesures ou valeur de la maxime.

4 — baton valant quatre mesures ou val.r de la longue.

2 — baton valant deux mesures ou valeur de la brève.

1 — baton valant une mesure ou valeur de la ronde.

$\frac{1}{2}$ — baton valant une demi mesure ou valeur d'une blanche.

$\frac{1}{4}$ — Signe du soupir, valeur d'une noire.

$\frac{1}{8}$ — Signe du demi soupir valeur d'une croche.

$\frac{1}{16}$ — Signe du quart de soupir val. de la double croche.

$\frac{1}{32}$ — Signe du demi quart de soupir valeur d'une triple croche.

Il faut observer que les poses ou silences doivent être reglez, sur la valeur des nottes et pour cet effet faire durer le silence dans la mesure autant de tems que la notte qui á raport á sa durée ou prolation, aura de valeur dans chaque mesure.

Exemple.

8 ‖ 4 ‖ 2 ‖ 1 ‖ $\frac{1}{2}$ ‖ $\frac{1}{4}$ ‖ $\frac{1}{8}$ ou ‖ $\frac{1}{16}$ ou ‖ $\frac{1}{32}$ ou

Signes jndiqués pour les agrémens du chant, et autres.

\+ ou x. Signe de la cadence ou tremblement voyez page 131.

ou ^ Signe du martellement ou cadence jmparfaite, ou feinte. voyez page 132.

v ou Signe du port de voix. voyez page 134. Signe du coulé voyez page 135.

ou Signe du guidon qui jndique la notte du bout d'une ligne à la première de la ligne suivante.

ou &c. Signe de la liaison qui sert à lier deux nottes ensemble en même degré, desquelles on ne nommera que la première, exprimant par la mesure la durée de la seconde.

ou Signe de la tenüe ou liaison qui désigne laquelle de deux nottes Employées dans la reprise d'un air, il faut prendre pour le commencement ou pour la fin.

Signe de la ligne perpendiculaire qui renferme les nottes Employées dans chaque mesure. Exemple. &c.

ou Signe du renvoy ou reprise qui se marque pour l'ordinaire à la moitié ou première partie d'un air ou à la fin de l'air pour recommencer.

ou %. Signe du renvoy pour aller d'une mesure à une autre.

Signe du point d'orgue qui fait connoître la suspension d'une pièce de musique de la valeur d'une mesure, ou qui la termine en entier.

Maniere d'entonner sur tous les intervalles de l'octave.

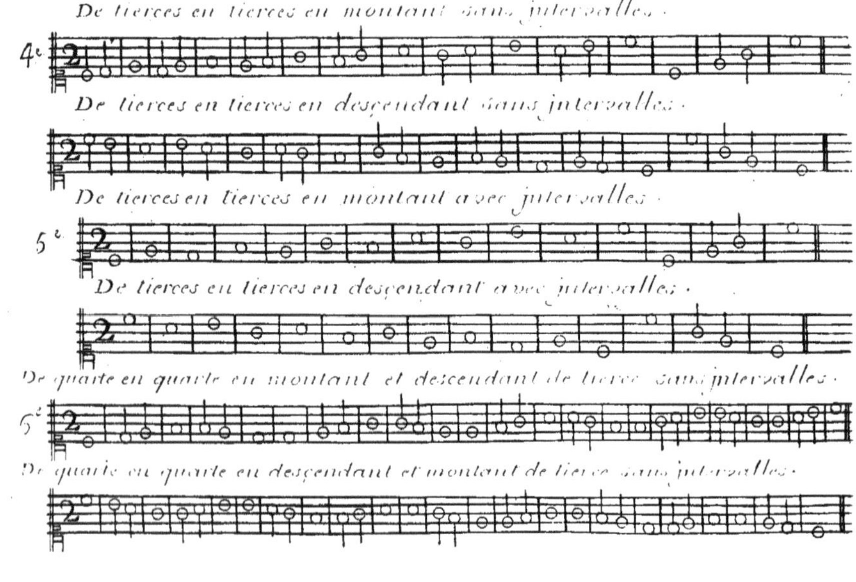
De tierces en tierces en montant sans jntervalles.
4e
De tierces en tierces en descendant sans jntervalles.
De tierces en tierces en montant avec jntervalles.
5e
De tierces en tierces en descendant avec jntervalles.
De quarte en quarte en montant et descendant de tierce sans jntervalles.
6e
De quarte en quarte en descendant et montant de tierce sans jntervalles.

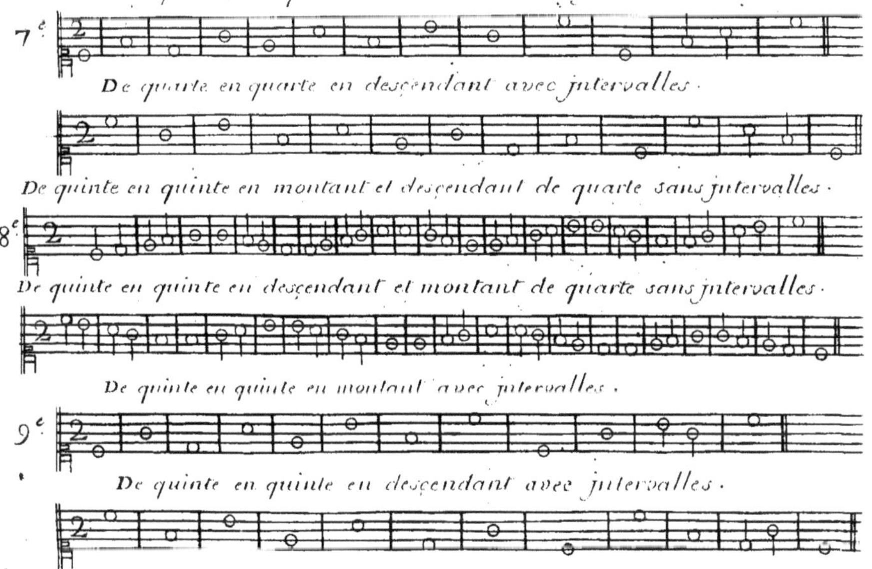
De quarte en quarte en montant avec jntervalles.
7.e
2
De quarte en quarte en descendant avec jntervalles.
2
De quinte en quinte en montant et descendant de quarte sans jntervalles.
8.e
2
De quinte en quinte en descendant et montant de quarte sans jntervalles.
2
De quinte en quinte en montant avec jntervalles.
9.e
2
De quinte en quinte en descendant avec jntervalles.
2

De sixte en sixte en montant et desçendant de quinte sans jntervalles.

10.e

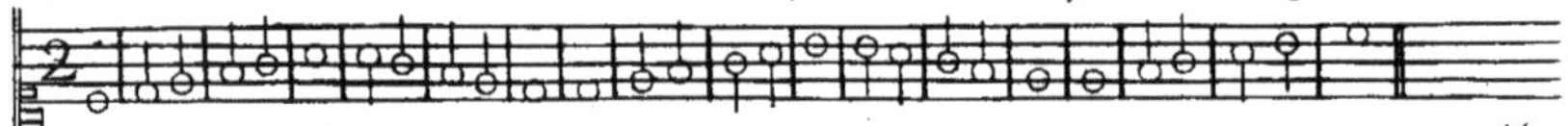

De sixte en sixte en desçendant et montant de quinte sans jntervalles.

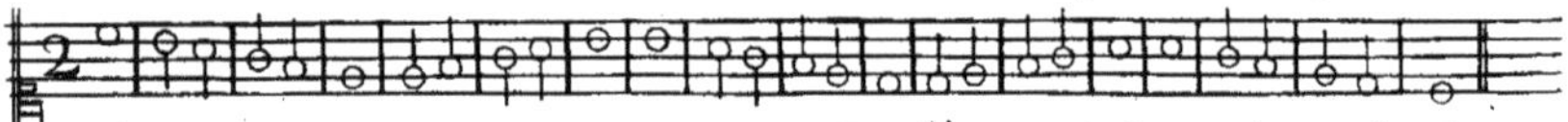

De sixte en sixte en montant avec intervalles.

De sixte en sixte en desçendant avec intervalles.

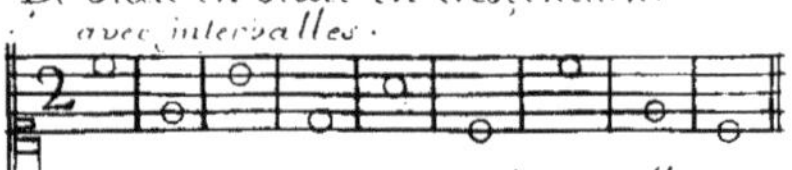

11.e

De septiême en septiême en montant et desçendant de sixte sans jntervalles.

12.e

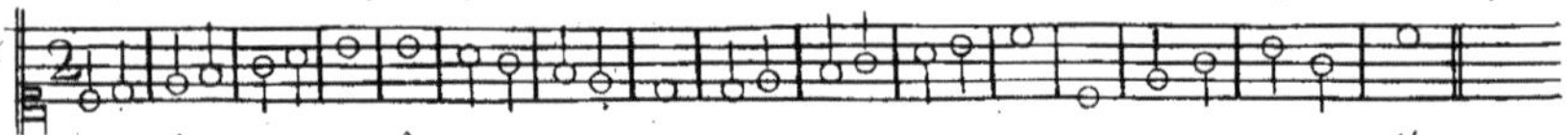

De septiême en septiême en desçendant et montant de sixte sans jntervalles.

De septiême en septiême en montant avec jntervalles.

De septiême en septiême en desçendant avec intervalles.

13.e

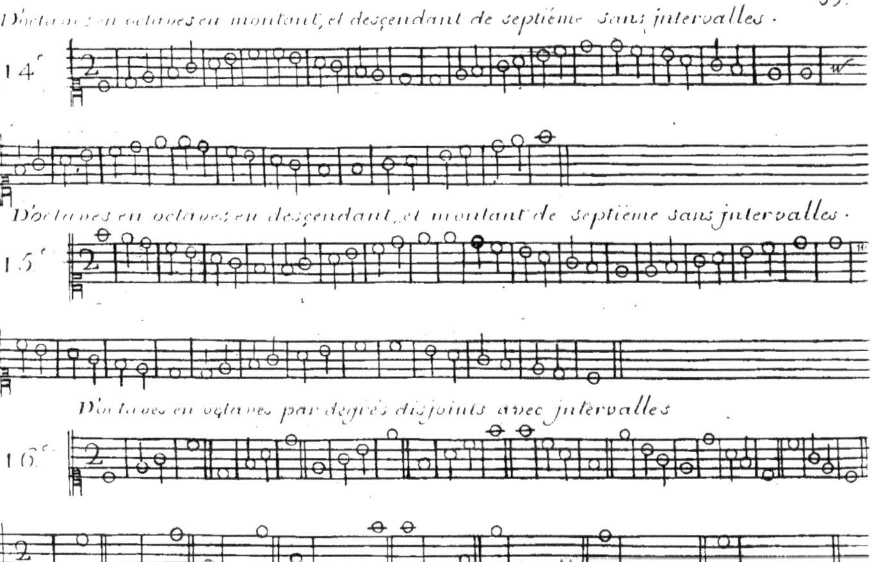
D'octaves en octaves en montant, et descendant de septiéme sans jntervalles.
14e
D'octaves en octaves en descendant, et montant de septiéme sans jntervalles.
15e
D'octaves en octaves par degrés disjoints avec jntervalles
16e

Maniere de pratiquer les noires, lisez à la page 22, et 23.

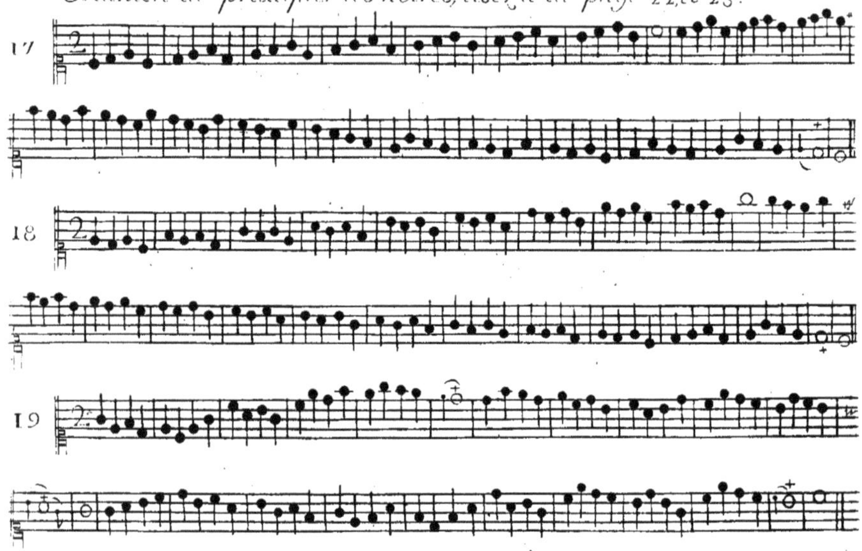

17

18

19

20

21

22

Maniere de pratiquer le b mol, le dieze, et le ♮ care. Voyez page 11.

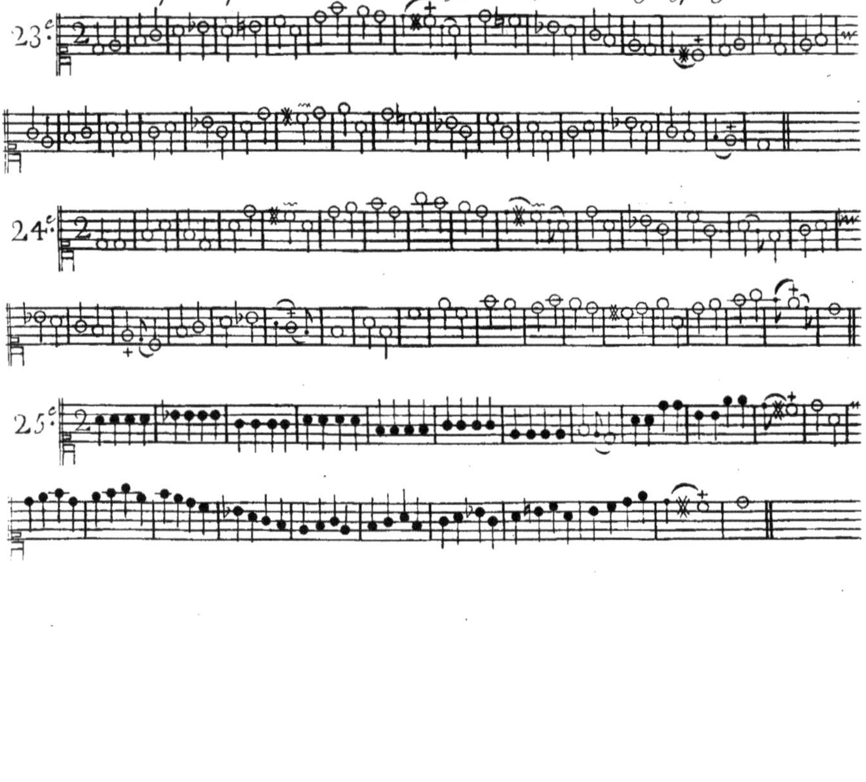

23.e

24.e

25.e

Maniere de pratiquer les nottes pointées. Voyez page 20.
26.
2
27.
2
28.
2

La clef d'ut à la seconde ligne et son Etendüe. lisez à la page 15.

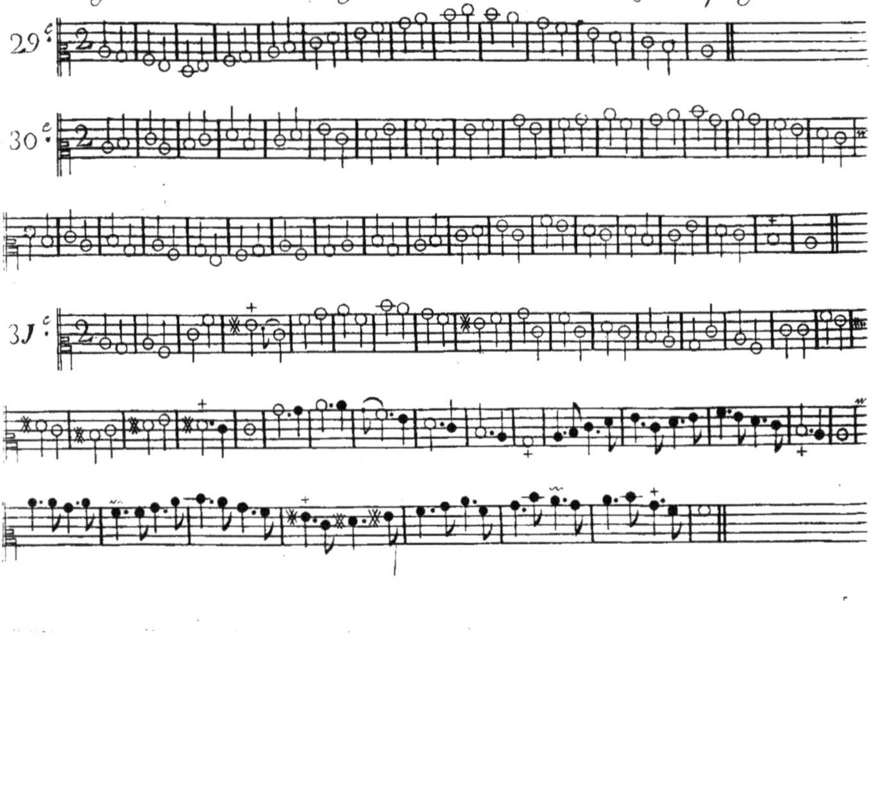

29

30

31

32.
33.

Croches sans être pointées qu'il faut passer de même que si elles l'étoient
Voyés page 22
34.e
35.e

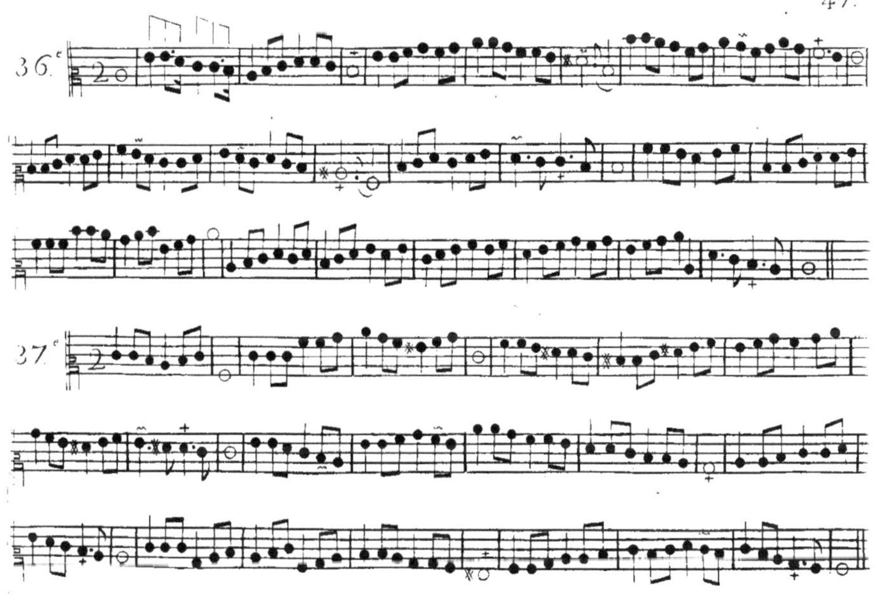
36.e
37.e

38e

39e

Maniere de pratiquer les nottes sincopées; Voyez à la page 20.

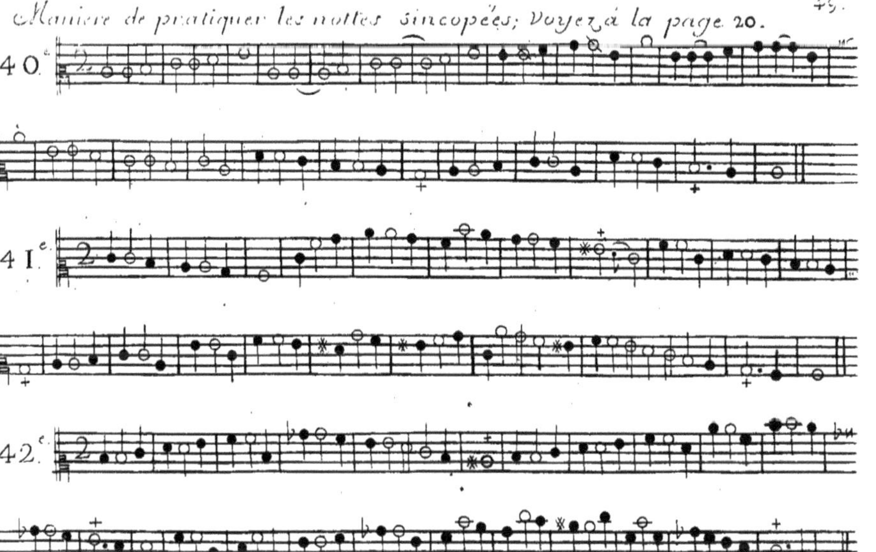

 La clef d'ut à la troisième ligne, et son étendue, lisez à la page 15.

43.e

44.e

45e

46e

Maniere de pratiquer les poses ou silences Voyez à la page 33.

47.e

4. 2. 1. $\frac{1}{2}$ $\frac{1}{4}$ $\frac{1}{8}$ $\frac{1}{16}$

48.e

Maniere de passer les doubles croches, lisez à la page 22. et 23.

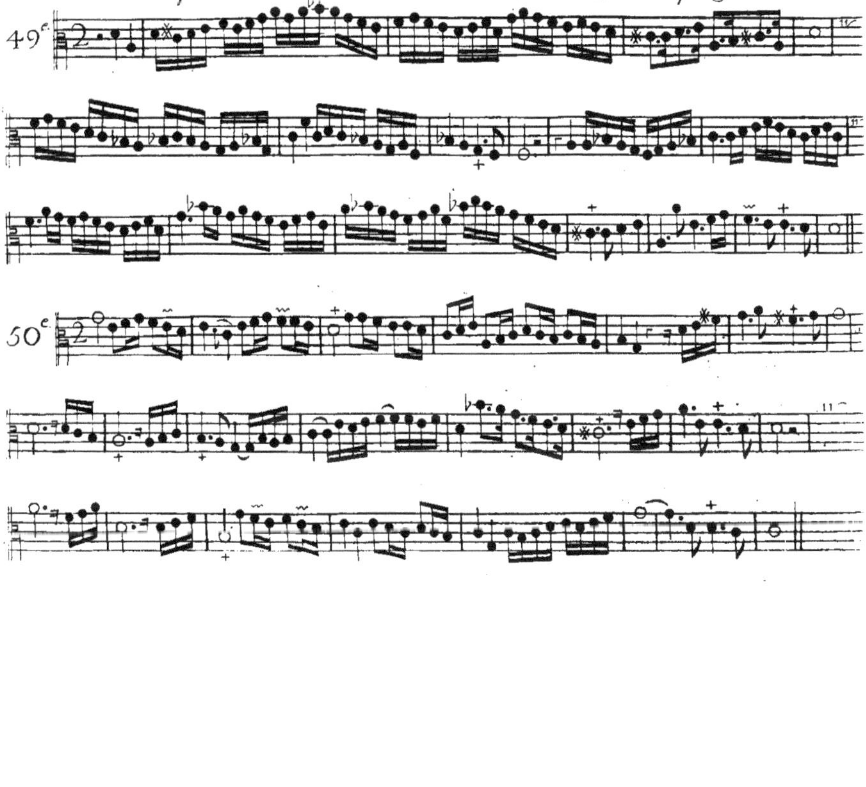

49e.

50e.

La clef d'ut a la quatriéme ligne et son Etendüe lizez page 16.

51e.

ut.si. re.ut.

52e.

De la combinaison des mouvements de la mesure de deux tems.

lisez à la page 22.

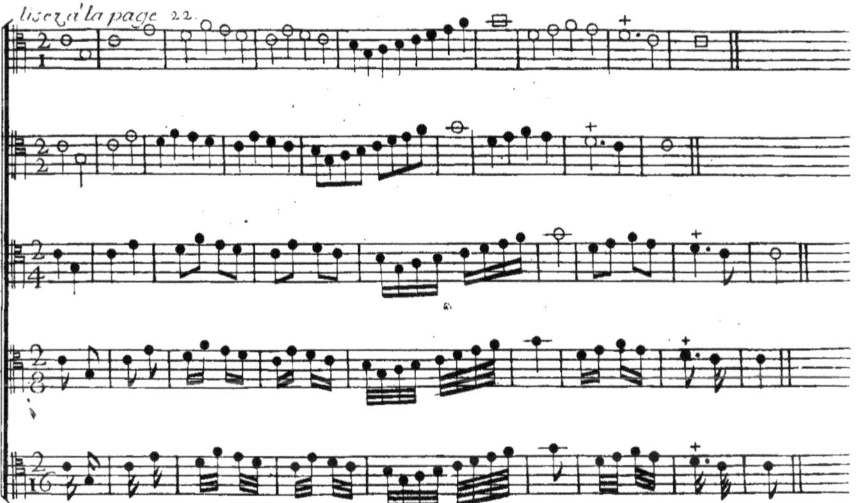

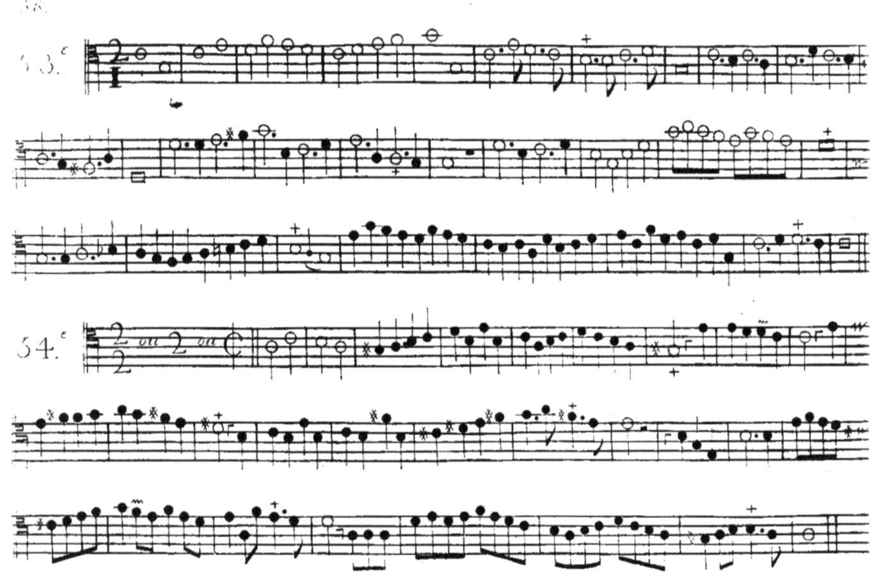
53.e
54.e
2/2 ou 2 ou C

55.e
56.e

57e

58e

La clef de fa à la troisième ligne et son étendüe lisez à la page 16.

59.e

60.e

Dévelopement des nottes sincopées.

L'on passera aux mouvements Composez lorsqu'on aura prati=
=qué les mouvements réguliers de deux, trois, et quatre tems.

Maniere de pratiquer les mouvements de la mesure de trois tems.

Voyez page 25 et 30

61.e

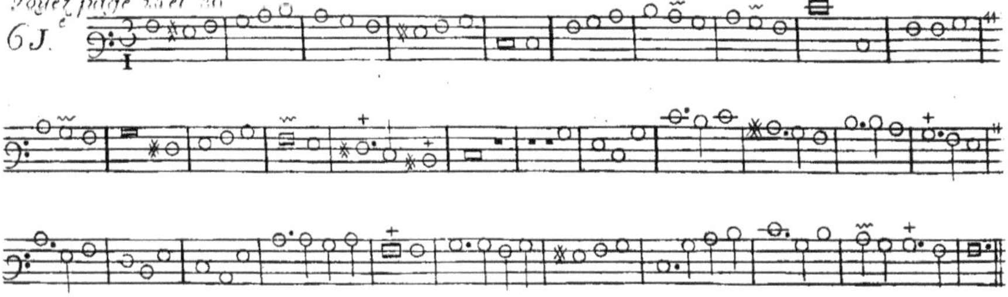

62.e

63.

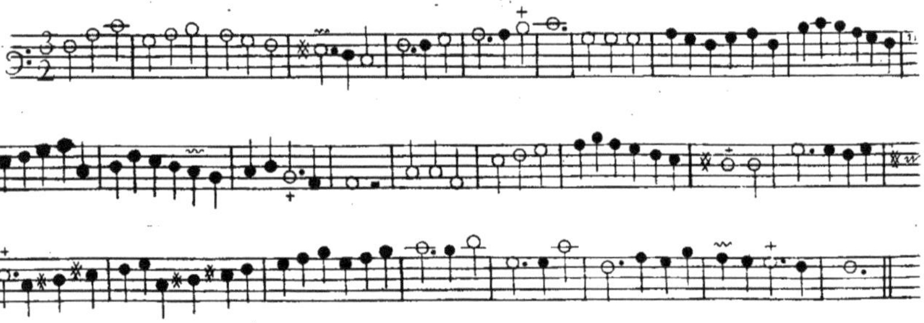

64.

65.e 3/4 ou 3

66.e 3

La clef de fa à la quatrième ligne et son étendüe. Voyez page vi.

67.e

68.e

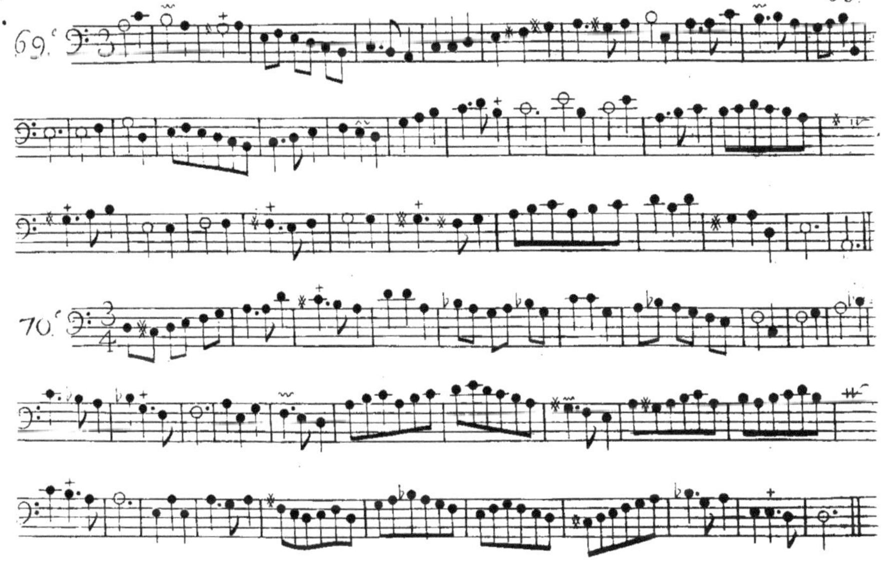

69.e

70.e

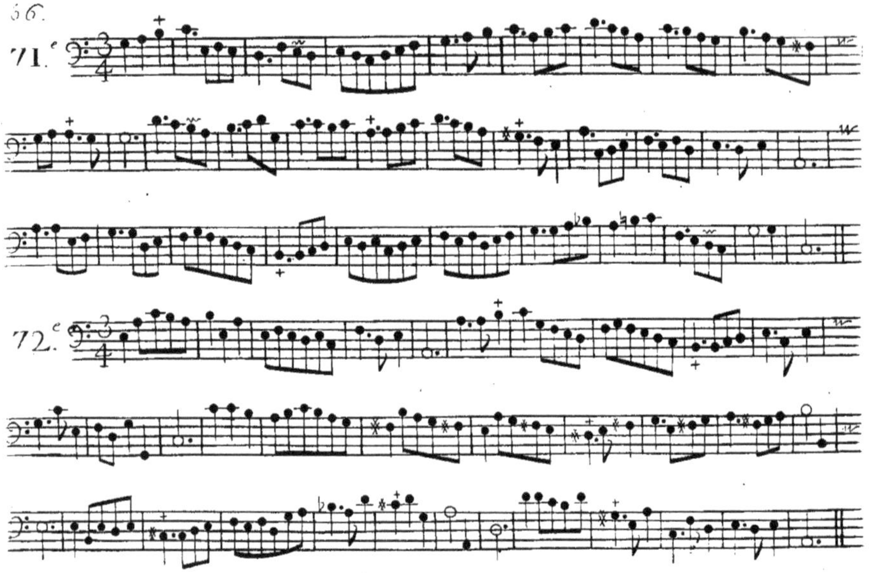

71.e

72.e

73.e
74.e

75.e
76.e

La clef de Sol, à la seconde ligne et son Etendüe Lisez page 69. VI.

77.e

78.e

79.e
80.e

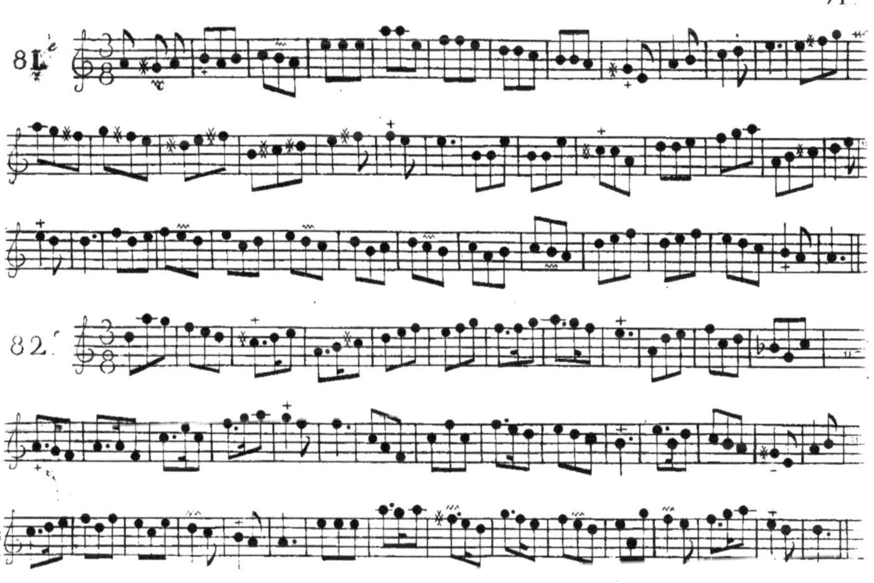
81
82

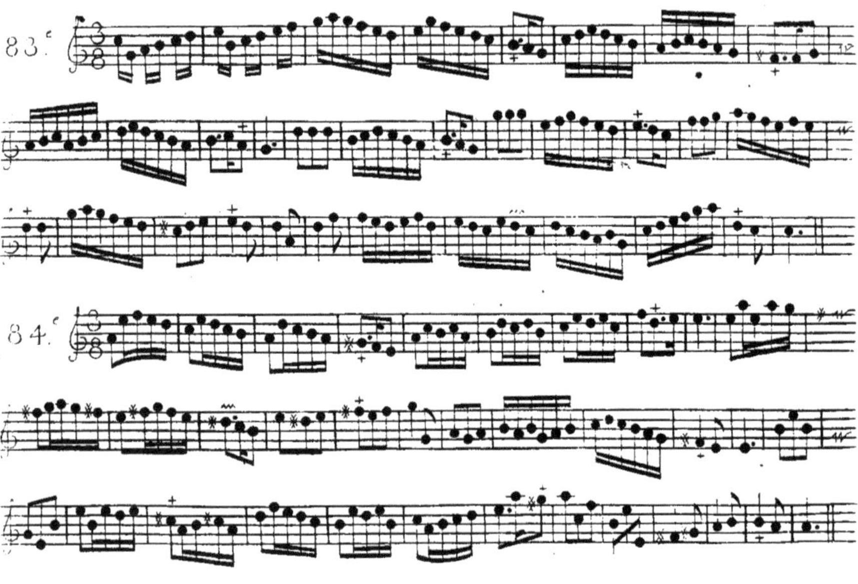
83.e
84.e

85
86

La clef de sol à la premiere ligne et son étendüe lisés à la page 17.
Cette clef est relative à celle de fa à la quatrième ligne pour la nomination des notes.

87.

88.

De la combinaison des mouvemens de la mesure de trois tems

De la destination des clefs, pour chaque genre de voix ou instruments.

Clef destinée au violon, au hautbois, et à tous les instrum.ts joüant le dessus.

Clef destinée aux voix chantant le dessus, et aussy pour les inst.mens violon et autres.

voix — violon

Etendüe du dessus chantant.

Clef dest.ée à la voix du bas dessus, ou p.r la partie de violon, ou haute contre de violon.

Etendüe du dessus chantant.

Clef destinée à la voix de haute contre chantante, et à la viole.

ou

Etendüe de la haute contre chantante.

Clef destinée à la voix de taille, et pour la viole, ou violoncelle.

Etendüe de la haute taille.

Clef destinée à la voix de basse taille.

Etendüe de la basse taille.

Clef destinée à la voix de basse, et p.r tous les instrum.s joüant la basse.

Etendüe de la basse chantante.

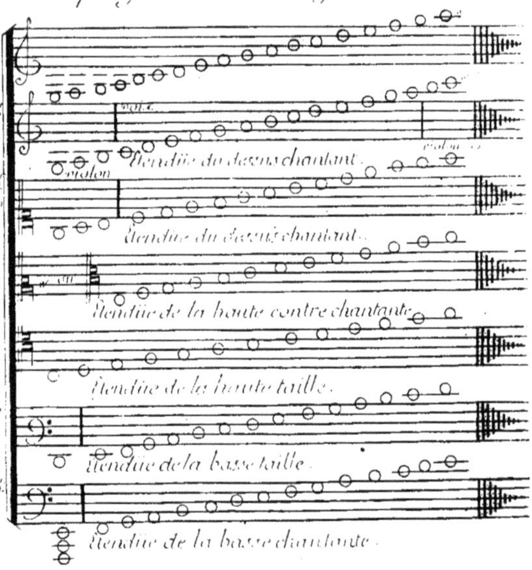

De la Transposition des Clefs, causée par le moyen des b *mols & des Diéses assujettis après les Clefs pour chaque ton de l'Octave.*

POUR expliquer la transposition des Clefs & faciliter l'intonation des Notes sur lesquelles sont appliqués les *b* mols & les Diéses, se figurant l'une des Clefs au naturel, il faut dire que le *fa* est l'origine de la transposition des *b* mols, & que le *si* est celle de la transposition des Diéses, & qu'ayant pris la Note *fa* pour premier *b* mol, il faut compter de quarte en quarte en montant, descendre de quinte en quinte, de l'une à l'autre Note destinée pour recevoir les *b* mols; & vous trouverez que les sept Notes de la Musique sont toutes bémolisées, & par conséquent diminuées d'un demi ton : de même qu'ayant pris la Note *si*, pour premier Diése, il faudra compter de quinte en quinte en montant, ou descendre de quarte en quarte de l'une à l'autre Note destinée pour recevoir les Diéses, & vous trouverez aussi que les sept Notes seront toutes diésées, & par conquent augmentées d'un demi ton.

Comme l'origine de la position des *b* mols est tirée de la Note *fa*, prenez à la quarte en montant, vous rencontrerez la Note *si*, où il faut asseoir le premier *b* mol, de même que l'origine de la position des Diéses est tirée de la Note *si*, prenez à la quinte du *si*, en montant, vous rencontrerez la Note *fa*, où il faut asseoir le premier Diése : Voyez & lisez ci-après au développement de ces deux progressions.

EXPLICATION *de la transposition des* b *mols.*

Il faut se conserver la Note *fa*, pour la position du septieme *b* mol, & poser

Le premier sur le	*si*	premier.
Le second sur le	*mi*	deuxiéme.
Le troisiéme sur le	*la*	troisiéme.
Le quatriéme sur le	*re*	quatriéme.
Le cinquiéme sur le	*sol*	cinquiéme.
Le sixiéme sur le	*ut*	sixiéme.
Le septiéme sur le	*fa*	septiéme.

Lorsqu'on aura posé le premier *b* mol sur le *si*, il faudra lui donner le nom de *fa*, duquel on comptera ou décomptera, jusqu'à ce qu'on ait rencontré l'une des Clefs naturelles; il en sera de même des uns aux autres *b* mols, disant toujours *fa*, sur le dernier posé.

	si	*mi*	*la*	*re*	*sol*	*ut*	*fa*
Exemple.	1	2	3	4	5	6	7
	fa	*fa*	*fa*	*fa*	*fa*	*fa*	*fa.*

EXPLICATION *de la transposition des Diéses.*

Il faut se conserver la Note *si*, pour la position du septiéme Diése, & poser

Le premier sur le	*fa* . .	premier.
Le second sur le	*ut* . .	deuxiéme.
Le troisiéme sur le	*sol* . .	troisiéme.
Le quatriéme sur le	*re* . .	quatriéme.
Le cinquiéme sur le	*la* . .	cinquiéme.
Le sixiéme sur le	*mi* . .	sixiéme.
Le septiéme sur le	*si* . .	septiéme.

Lorsqu'on aura posé le premier Diése sur le *fa*, il faudra lui donner le nom de *si*, duquel on comptera ou décomptera, jusqu'à ce qu'on ait rencontré l'une de Clefs naturelles; il en sera de même des uns aux autres Dieses, disant toujours *si*, sur le dernier posé.

Exemple.	*fa*	*ut*	*sol*	*re*	*la*	*mi*	*si*
	1	2	3	4	5	6	7
	si	*si*	*si*	*si*	*si*	*si*	*si*

On connoîtra aiſément, par le moyen de la tranſpoſition, le dérivé de la tierce mineure ou majeure, & lorſqu'on en aura fait le développement par la Note tonique ou Note fondamentale, qui ſe connoît ordinairement par la Note finale d'une Piéce de Muſique. De cette finale, on verra ſi la tierce eſt majeure ou mineure; alors, on n'aura pour unique objet dans le ton majeur ou tierce majeure, qu'à dire *ut*, pour Note fondamentale; & dans le ton mineur ou tierce mineure, on dira *re*, ou *la*, pour Note fondamentale. Cependant il faut faire attention, que ſi naturellement, ſans avoir égard à la tranſpoſition, la Note tonique, ou Note fondamentale, étoit *ut*, ou *re*, ou *mi*, ou *fa*, &c. & qu'on eût à recourir aux Inſtrumens pour recevoir le ton pour chanter, il faut demander celui de la Note qui ſe trouveroit dans ſon ordre, ou dégré naturel, & non celui de la Note ſuppoſée par la tranſpoſition; parceque les Inſtrumens ont leur point fixe qui ne varie jamais, & n'admettent que les Notes naturelles que chaque Clef leur repréſente, & ils marquent les *b* mols & les Diéſes où ils ſont poſés; & pour chaques Notes auxquelles ils ſont attachés.

Il arrive ſouvent que les Diéſes, ou les *b* mols aſſujettis aux tons tranſpoſés, ſont accidentels, & cauſent une difficulté preſqu'inſurmontable pour former les ſons & rendre les intonations juſtes: il faut, en ce cas, recourir à la Note tonique, examiner enſuite ſi la tierce de la Note du ton eſt majeure ou mineure, & ſe reſſouvenir du nombre des Diéſes ou des *b* mols qui ſont attachés à chaque ton tranſpoſé, pour pouvoir ſe repréſenter un ton naturel par une Clef ſuppoſée.

Il y a encore une maniere de tranſpoſer, très utile & très néceſſaire, & ce principe n'eſt adopté qu'aux Inſtrumens qui ſont les fondamentaux d'un Concert; & il arrive ſouvent que les Inſtrumens fixés, comme l'Orgue, le Claveſſin, le Baſſon, la Flûte, le Hautbois, la Musette, se trouvent à un ton trop haut, ou trop bas, & que la voix ne peut porter ses sons aux dégrés trop hauts ou trop bas où la conduisent ces Instrumens; il faudra en cette occasion que cet Instrument de l'une ou de l'autre espece, hausse ou baisse d'un ton, ou d'un demi ton, & par conséquent qu'il transpose le ton naturel, montant, ou baissant d'un dégré à un autre, observant toujours, si la tierce du ton est majeure ou mineure.

Il est encore une façon de transposer, passant d'un ton à un autre, comme du majeur au mineur, ou du mineur au majeur; & pour entendre cette progression, il faut examiner en quel ton l'on est, & celui où l'on va entrer; & comme il n'y a dans la conduite d'un chant, que le ton majeur, ou le ton mineur, par le moyen de la tierce majeure, ou la tierce mineure du ton d'*ut*, ou de *re*, &c. il faut faire connoître aux Ecoliers, que s'ils sortent du ton d'*ut*, tierce majeure, pour entrer dans le ton mineur par la tierce mineure, ils diminueront le *mi* d'un demi ton par le moyen d'un *b* mol, qui fera donner le nom de *fa* au *mi*, & descendront sur la Note tonique *ut*, qu'ils nommeront *re*. Et par le contraire, on sortira de la tierce mineure pour entrer dans le ton majeur par la tierce majeure, prenant la Note *re*, pour Note tonique, on haussera le *fa* d'un demi ton par le moyen d'un Diése, qui fera donner le nom de *mi* au *fa*, & descendant sur la Note tonique de *re*, il faudra donner le nom de l'*ut* au *re*. Il en est de même de tous les autres tons transposés par la voix; car, comme il est déja dit, les Instrumens n'admettent que la voix naturelle, & c'est ce qu'on verra dans les Leçons suivantes.

L'idée que je viens de donner de la transposition, ne sera pas difficile à développer, si-tôt qu'on aura consulté toutes les progressions mélodiques & harmoniques, par la tierce majeure ou mineure de chaque ton, à un demi ton plus haut ou plus bas, ou à un ton plus haut ou plus bas, de même que si l'on veut transposer le ton d'*ut* à un ton plus bas, il faudra prendre le ton de *si b* mol tierce majeure; & pour transposer le ton d'*ut*, à un ton plus haut, l'on prendra le ton de *re* tierce majeure : pour transposer le ton d'*ut* à un demi ton plus bas, il faudra prendre le ton de *si* tierce majeure; & pour transposer le ton d'*ut*, à un demi ton plus haut, l'on prendra le ton d'*ut* Diése tierce majeure : tous ces tons sont désignés dans les Leçons suivantes, avec les *b* mols & les Diéses attachés à chaque ton, & cette progression du ton d'*ut*, servira pour connoître tous les autres tons transposés.

Table generalle, ou le developement des Transpositions &c.

1. b.

6. ✻.

b mi fa ou

✻ mi si ou

2. b.

5. ✻.

b mi fa

✻ mi si

5. ♭.
fa
2. ✻.
si
6. ♭.
fa
1. ✻.
si

On trouvera par cette tablature que le septiême b.mol, et le septiême dieze, font supposer la clef naturelle, et c'est de la, qu'on peut prouver l'origine de l'un et de l'autre; renversant le septiême au premier.

Exemple.

De la Combinaison des Mouvements de la Mesure de quatre Tems. Lisez page 29 et 32.

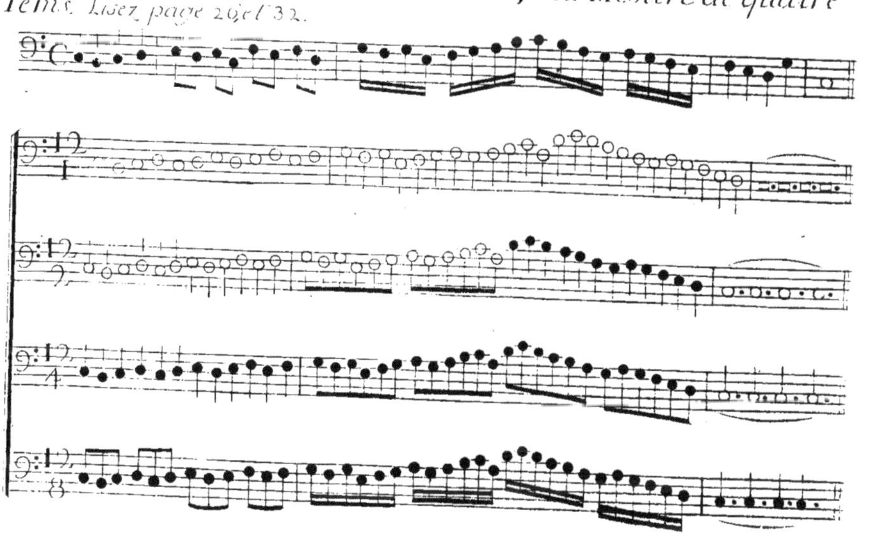

LEÇONS POUR METTRE LES TRANSPOSITIONS EN PRATIQUE.

Des Mouvements de la mesure de quatre tems.

Lisez à la page 26. et Voyez page 32.

89.e

E ut fa dieze tierce majeure.

C. Sol. ut. tierce mineure.

91.e

B fa. si. dieze. tierce majeure.

92e.

F. ut. fa. tierce mineure.

93.e

E. si. mi. tierce majeure

94.e

B.fa.si.tierce mineure.
95.e

A. mi. la. tierce majeure.

E si mi b mol tierce mineure.

97.e

D. la. re. tierce majeure.

98.e

A mi la b mol tierce mineure.

G re Sol tierce majeure

JOO

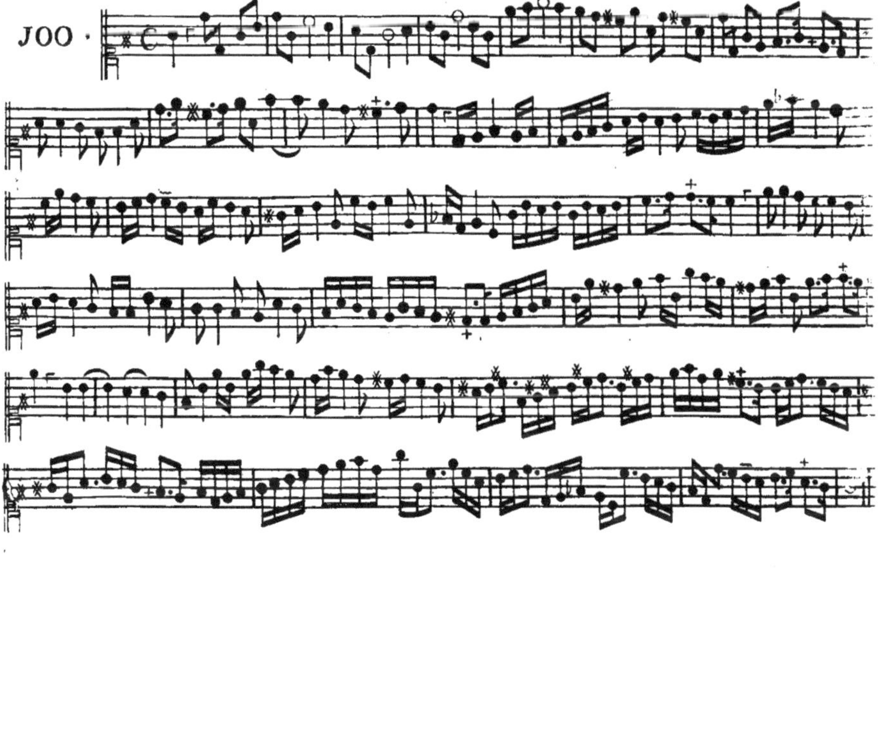

Maniere de passer du Majeur au Mineur dans Tous. Les tons de l'octave.

C. Sol. vt.
majeur et mineur.

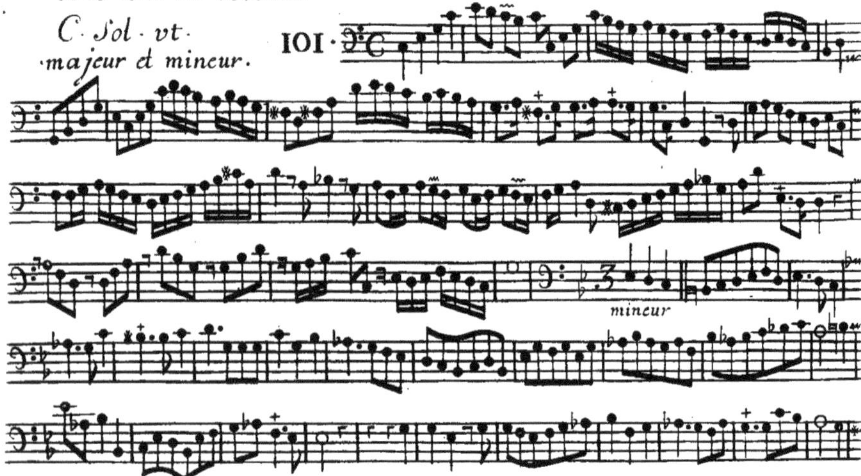

majeur

Maniere de pratiquer Les mouvements Composez de la mesure De deux tems Lisez page 24 et voyez a la page 30

D la re
majeur et mineur

102

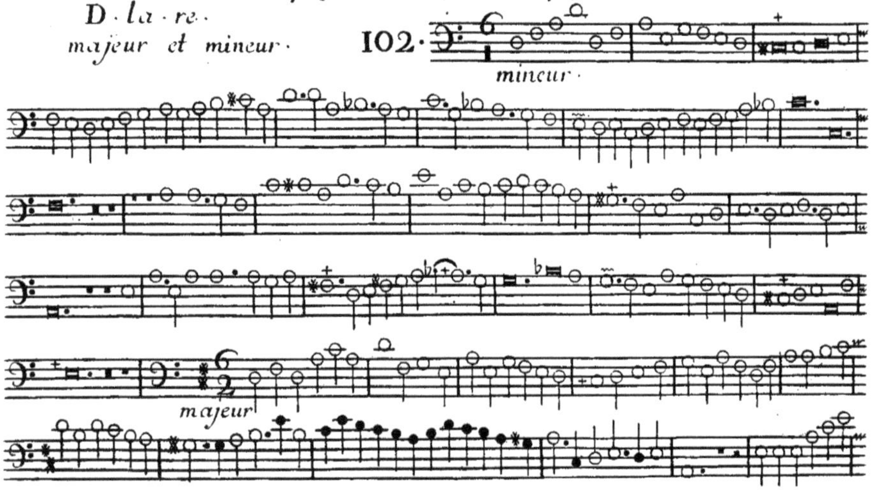

mineur

majeur

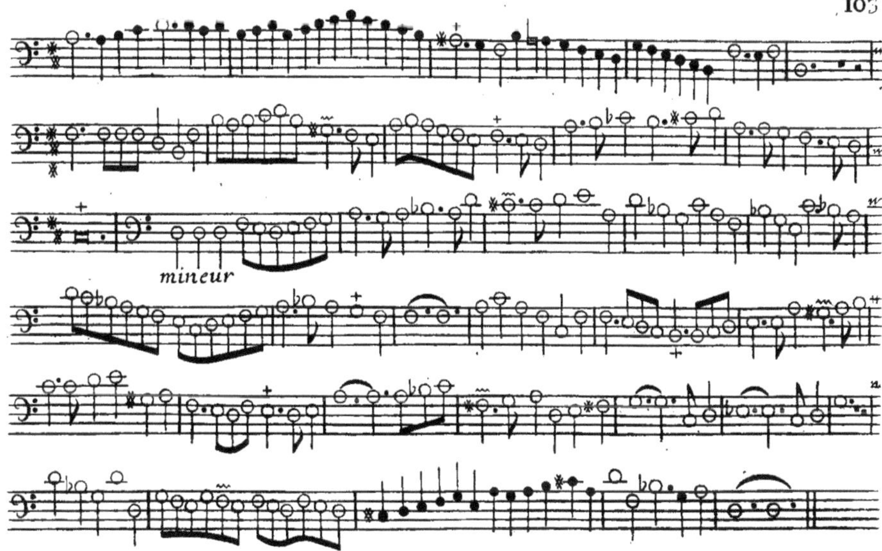
mineur

E · Si · mi ·

mineur et majeur. 103 ·

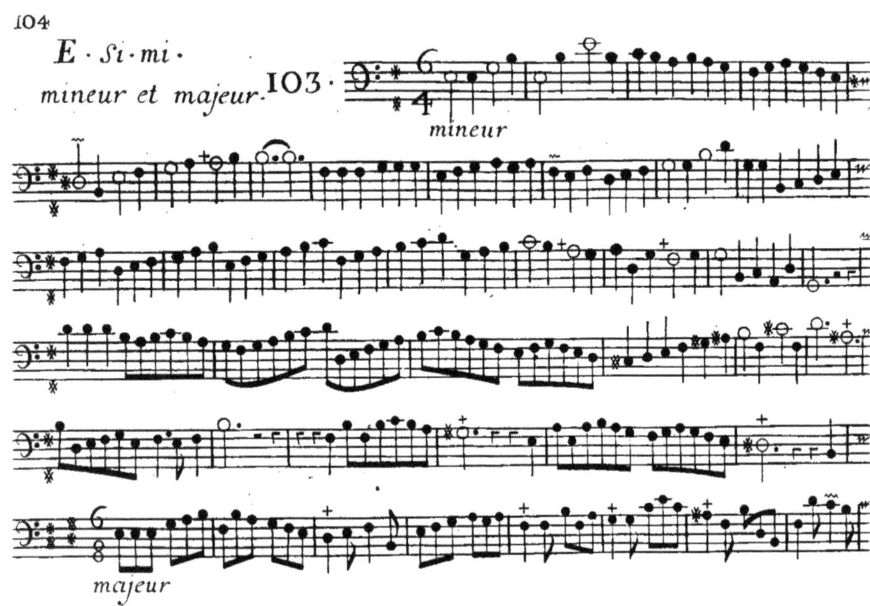

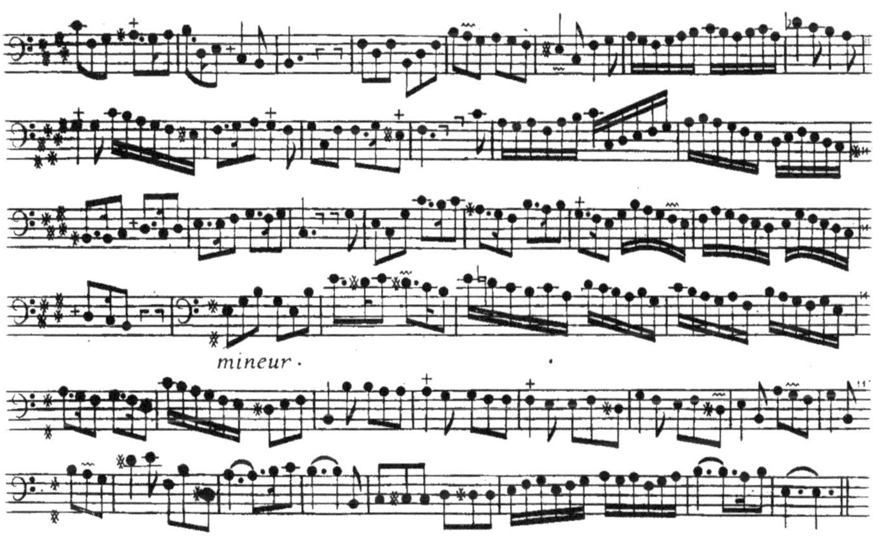
mineur.

F. ut. fa.
majeur et mineur.
104.e
majeur.
mineur.

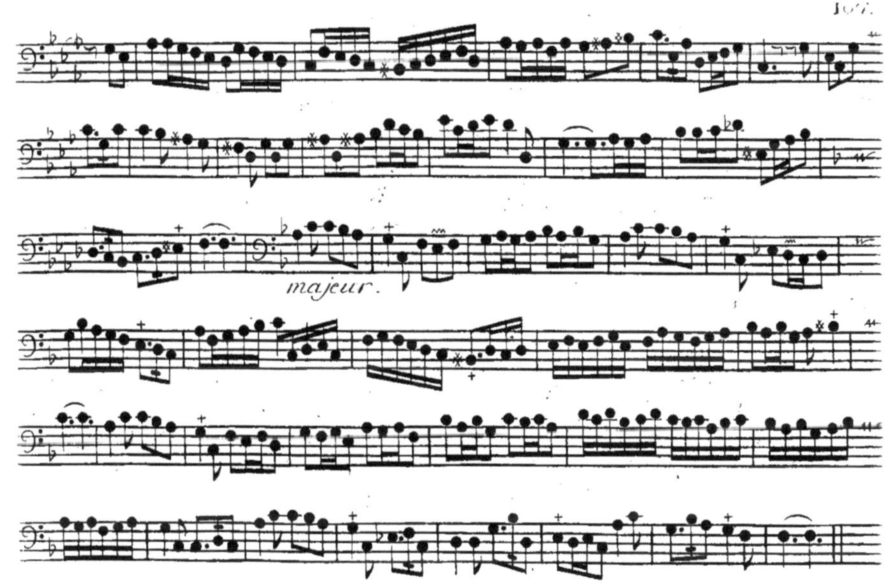
majeur.

G.re.Sol.
majeur et mineur.
105.e
majeur.
mineur.

majeur.

Des composez de la mesure de trois tems, lisez à la page 26. et Voyez page 31.

A. mi. la.
majeur et mineur.

106.e

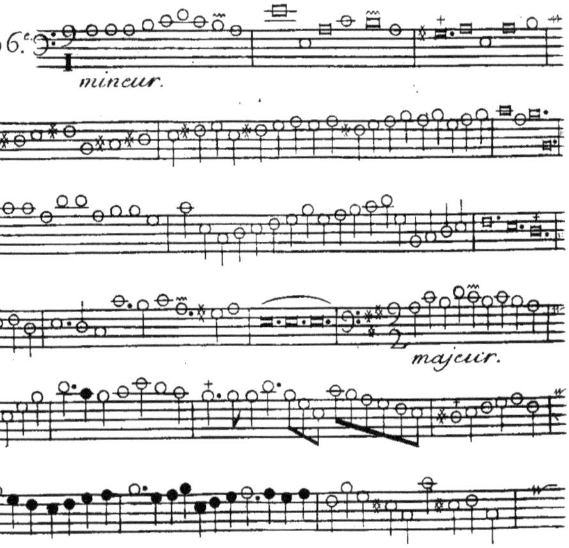

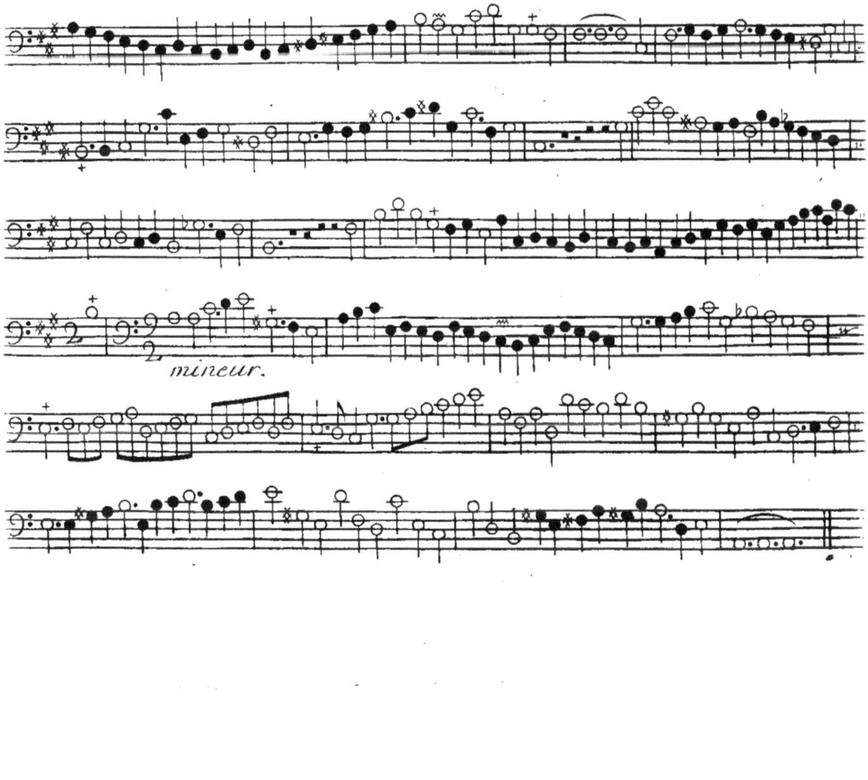

mineur.

B. fa. si.
majeur et mineur.
107.e
majeur.
mineur.

majeur.

C. sol. ut. dieze.
tierce mineure.
108.e

C. sol. ut. dieze. tierce majeure.

109.^e

D la re dieze tierce mineure.

110.e

Des composez de la mesure de quatre tems, lisez à la page 21. et
Voyez à la page 32.

E. si. mi. b. mol.
tierce majeure.

III.e

12
I

E. si. mi. b. mol. tierce mineure. **112.e**

E. ut. fa. dieze.
tierce mineure.
113.e
12
4

F. ut. fa. dieze. tierce majeure.

114.^e

B. fa. Si. dieze tierce majeure.

115.e

12
8

B. fa. Si. dieze.
tierce mineure.

116.e

G.re.sol.dieze.
tierce mineure. 117.

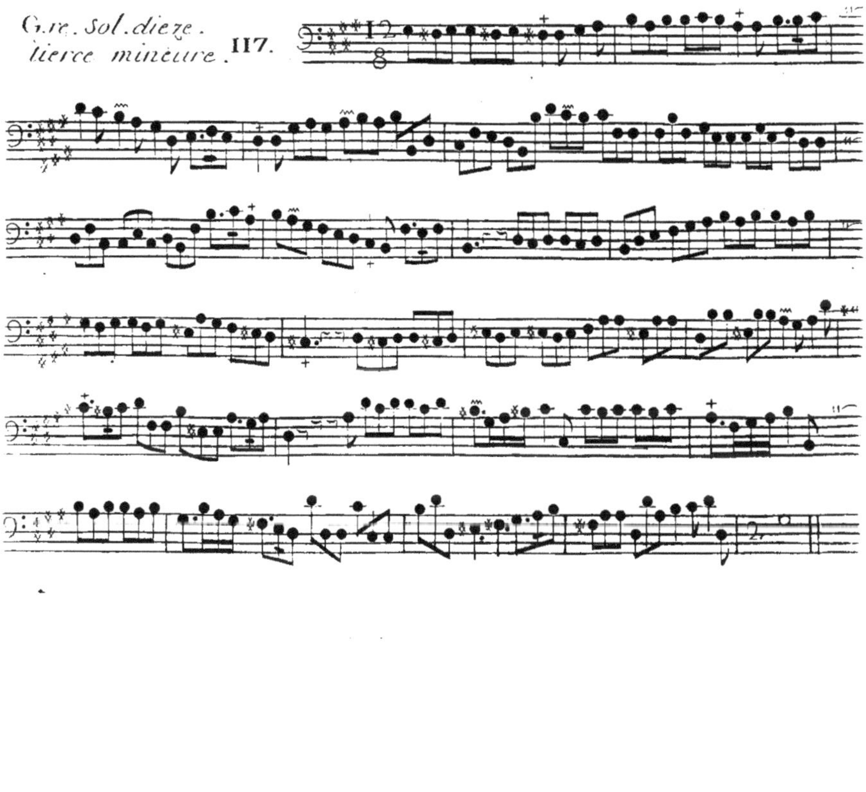

12
8

A. mi. la. b. mol.
tierce majeure.
118.e

Maniere de pratiquer les nottes lourées lisez à la page 28.

119.e:

120.e

121.e

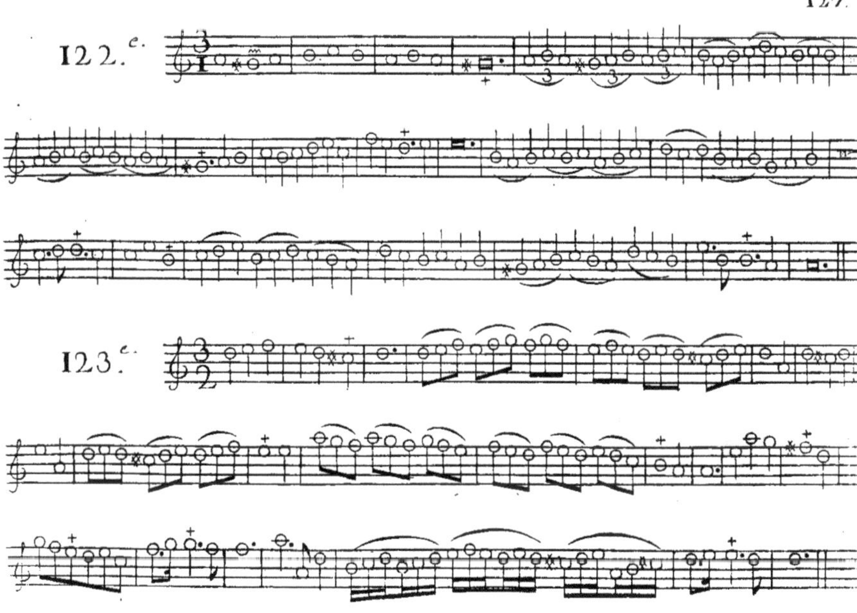
122.e
123.e

124.e

125.e

126.e

Dévelopement des nottes Lourées dans tous les mouvements.

Dévelopement des Cadences, espece par espece. lisez page 133, 134 et 135.

Dévelopement des ports de voix Lisez aux pages. 135, et 136.
G
H
I
Dévelopement des Agréments accidentels Voyez page 137.
K
L
M
N
O
jngra.. te jn..hu.mai..ne.
He las. He ...las. je lan....guis je lan.....guis.

Des Cadences ou Tremblemens, &c.

LA Cadence, ou Tremblement, eſt un des plus beaux ornemens du Chant. Il faut la diſtinguer par le mot de Tremblement, pour ne pas la confondre avec la Cadence qui ſe termine par la chute d'un Chant, & qui conduit de la dominante à la Note finale du ton, montant à la quarte, ou deſcendant de quinte à la Note du ton; ou par une partie ſupérieure, montant de la ſeptiéme majeure ou Note ſenſible, à l'*Octave*; comme auſſi deſcendant de la neuviéme ſur l'*Octave*: ce qui ſera plus amplement expliqué dans les Principes de la Compoſition.

La Cadence dont il eſt ici queſtion pour le Chant, eſt celle qui s'exprime par des battemens ou martellemens du goſier, & qui prend ſon origine & ſa préparation d'un ton, ou demi ton au-deſſus de la Note qu'on veut cadencer, ou faire le tremblement ſelon l'ordre de la modulation du Chant. Il y a de différentes eſpéces de Cadences ou Tremblemens, & l'on en trouvera les développemens indiqués par les Lettres Alphabétiques à la *page* 131.

I. La Cadence préparée prend ſon appui du ton, ou du demi ton au-deſſus de celle qu'on veut cadencer, & ſa préparation doit durer la moitié de la valeur de la Note cadencée, & marteller enſuite ſur l'autre moitié de ſa valeur, de même que ſi l'on vouloit exprimer pluſieurs croches d'un dégré à l'autre, du même coup de goſier, & ſur le déclin de la Cadence, de même que ſi l'on vouloit exprimer des doubles, & des triples croches, terminant la Cadence, ou les battemens par un repos, ou ſoutien du ton de la Note cadencée. *Exemple*, voyez à la lettre A. *page* 131.

II. La Cadence coulée, ou ſimple martellement, procede de l'appui de la Cadence préparée; elle ſe termine par un ſeul martellement ou battement du goſier: ſa préparation doit durer les trois quarts de la valeur de la Note cadencée, & ne marteller que sur l'autre quart de sa valeur. *Exemple*, voyez à la Lettre B. *page* 131.

III. La Cadence coulée passant par l'intervalle de tierce ou de quarte en descendant, prend son origine, ou sa préparation de la tierce au-dessus, elle peut être composée d'autant de battemens qu'on le voudra, sans altérer la valeur de la Note, & tenant toujours son appui du ton, ou demi ton au-dessus. *Exemple*, voyez à la lettre C. *pag.* 131.

IV. La Cadence jettée, est celle qui se fait en montant à l'intervalle d'une seconde, tierce, quarte, &c. & de même en descendant, sans que sa préparation ait plus de durée que la valeur d'une double ou triple croche, & les battemens ou martellemens en doivent être vifs & brillans ; il arrive souvent que pour terminer cette Cadence, il faut passer de la Note cadencée à celle au-dessous, & former subitement l'intervalle d'une seconde, ou d'une tierce, allant à la Note qui doit déterminer le repos du Chant par un tour de gorge. Voyez à la lettre D. *pag.* 131.

V. La Cadence subite & jettée en descendant à l'intervalle de la seconde, tierce, quarte, &c. se prend aussi par une simple préparation de la durée d'une double croche, ou d'une triple croche, & les battemens en doivent être vifs & brillans. Voyez à la lettre E. *pag.* 131.

VI. La Cadence par redoublement des battemens du gosier sur une tenue de plusieurs Notes en même dégré, ne se termine jamais que sur la derniere des Notes tenantes, prenant sa préparation du ton, ou du demi ton au-dessus, y formant aussi le ton de la Note cadencée par un tour de gorge. Voyez à la lettre F. *pag.* 131.

Du Port de Voix.

LE Port de Voix eſt un des objets de la proprcté du Chant le plus eſſentiel : il l'orne d'une maniere ſi gracieuſe, qu'il ſert à exprimer tout ce que l'ame peut ſentir; auſſi eſt-il très-difficile de bien définir par écrit la façon dont il faut s'y prendre pour le bien former, & peu de Chanteurs ont réuſſi à le rendre auſſi touchant & auſſi ſenſible qu'il le doit être. Ce n'eſt qu'avec les ſentimens d'un eſprit bien pénetré de ce qu'il dit, qu'on parvient à la perfection de cet agrément. Il y en a de trois eſpéces.

I. Le Port de Voix préparé & ſoutenu ſe fait en montant, & il tire ſon origine de la Note au-deſſous de celle où l'on va aſſeoir le ſon, ſoit par un ton ou un demi ton au-deſſous; & lorſqu'on aura aſſis le ſon, il faudra le filer avec douceur ſur la premiere des trois parties qu'il faut donner à la durée de la Note, enfler inſenſiblement le ſon ſur la deuxiéme partie, & le faire mourir comme on l'a fait naître, ſur la troiſiéme partie; c'eſt là le propre du Port de Voix; & ce développement apprend en même tems, la maniere de ſoutenir les ſons ſur des tenues ou Notes d'une durée ſuffiſante pour faire valoir les ſons de la voix, & même auſſi les ſentimens de l'ame & de l'eſprit. *Voyez à la lettre* G. *pag.* 132.

II. Le Port de Voix doublé, prend ſon origine de la tierce au-deſſous de la Note où la voix va ſe repoſer. *Voyez à la lettre* H. *page* 132.

III. Le Port de Voix par intervalle en deſcendant, comme en montant, prend ſon origine de la Note précédente à celle où l'on va ſe repoſer, en empruntant le ſon de la premiere pour le lier avec celui de la ſeconde; celui-ci eſt trop gothique & trop peu ſupportable pour le mettre en uſage; mais on peut le tolerer & le pratiquer en certains cas. *Voyez à la lettre* J. *page* 132.

Des Agrémens accidentels.

IL eſt des agrémens dans le Chant, qu'on diſtribue ſelon l'expreſſion qu'on doit y donner, il y en a de différentes eſpéces.

I. Les coulés ſe font par le moyen d'une ou pluſieurs Notes ſuppoſées entre les Notes portantes ou eſſentielles du Chant, à l'intervalle de la tierce, ou de la quarte en deſcendant. *Voyez à la lettre* K. *pag.* 132.

II. L'accent, qu'on appelle auſſi aſpiration, ou le ſon coupé, ſe termine par le moyen d'une Note ſuppoſée au-deſſus de celle où le ſon exiſte, il s'exprime par une inflexion de voix entrecoupée. *Voyez à la lettre* L. *pag.* 132.

III. Le pincé ſe détermine par un martellement feint & précipité, qu'on tire de la Note même ſur laquelle on va aſſeoir le ſon, paſſant ſur la Note d'un ton, ou d'un demi ton au-deſſous de celle où l'on va repoſer. *Voyez à la lettre* M. *pag.* 132.

IV. L'expreſſion de dépit & de colere, s'exprime avec un frémiſſement, marqué par un martellement feint & précipité. *Voyez à la lettre* N. *pag.* 132.

V. La plainte s'exprime par un ſon filé & aſpiré, tombant inſenſiblement par la pénultiéme ſyllabe d'un mot, ſur la Note qui doit terminer la derniere ſyllabe du mot. *Voyez à la lettre* O. *pag.* 132.

EXPLICATION des Mouvemens ſubordonés aux airs de Caractére pour la Danſe, & autres.

L'*Ouverture*, ou *Prélude*, prennent indifféremment tous les Mouvemens.

La *Gavotte*, la *Bourrée*, le *Branle*, le *Rigaudon*, la *Forlanne*; &c. demandent la Meſure, ou les Mouvemens des deux tems.

La *Sarabande*, la *Paſſacaille*, la *Courante*, &c. demande la Meſure, ou les Mouvemens de trois tems graves.

Le *Menuet*, la *Chaconne*, &c. demandent la Meſure, ou les Mouvemens de trois tems legers.

La *Gigue* demande la Meſure, ou les Mouvemens de trois-huit, ou celle de ſix huit, ou celle de neuf-huit, ou celle de douze-huit; & très-legerement.

La *Loure* demande la Meſure, ou les Mouvemens de ſix-quatre, avec un Mouvement peſant.

Le *Canarie* & le *Paſſepied* demandent la Meſure, ou les Mouvemens de trois-huit, très-legerement.

L'*Allemande* demande la Meſure, ou les Mouvemens de quatre tems.

La *Marche* demande indiféremment la Meſure, ou les Mouvemens de deux, ou de trois tems.

Maniere de Syllabiquer, & de chanter la Musique Vocale.

SI l'on veut croire tous les habiles Maîtres & Professeurs dans l'Art d'enseigner la Musique, ils disent qu'on ne peut atteindre au point de bien mettre les mots sous les Notes, & par conséquent chanter la Musique Vocale, qu'on n'ait auparavant surmonté toutes les difficultés passées dans les Leçons précédentes, où rien n'est oublié pour l'instruction d'une Personne qui desire sçavoir généralement toutes les progressions Mélodiques, ainsi que celles absolument nécessaires pour former un parfait Musicien. Il sera donc très-facile de syllabiquer à ceux qui se seront inculqués dans l'imagination toutes les différentes positions & nominations des Notes, & qui auront assujetti leur organe aux intonations qui leur sont indiquées dans ce Livre, & qui se seront aussi formé l'oreille par la pratique de la Mesure, & des Mouvemens assujettis à chaque genre de Musique, comme pour tous les Airs mesurés, ainsi que pour le Récitatif qui n'exige que le bon sens & les sentimens de la Personne qui le débite, & non des tems marqués par la Mesure; aussi, dit-on, qu'il faut que celui qui accompagne le Chanteur dans un Récitatif, soit l'esclave du Chant, & qu'il s'observe seulement pour suivre d'oreille toutes les cordes harmoniques.

Pour remonter au principe de syllabiquer & de chanter la Musique Vocale, il faut s'assurer de l'intonation de la Note assujettie à chaque syllabe d'un mot, & cette progression ne sera plus difficile, lorsqu'on aura voulu raisonner & se représenter que les trois Notes, *ut*, *re*, *mi*, font le même effet qu'un mot de trois syllabes, comme de dire après avoir entonné, *ut*, *re*, *mi*, ou *fa*, *sol*, *la*, le mot de *Domine*, ou *le Seigneur*, & ainsi des autres mots dont chaque syllabes doivent employer autant de Notes, à moins qu'il ne se trouve plusieurs Notes liées ensemble pour une seule syllabe, ce qu'on verra intelligiblement expliqué au développement de cette progression, aux pages 141. & 142.

Il faut encore remarquer qu'il se trouve souvent dans une infinité de Livres imprimés, des Notes dont la prolation, ou la durée dans la Mesure est trop longue pour une syllabe qui doit être bréve; il faut pour lors donner plus de valeur à la premiere Note, de même que si elle étoit pointée, & rendre la seconde à une valeur qui puisse faire valoir la syllabe bréve; c'est un moyen absolument nécessaire pour assurer la Quantité des mots. A l'égard des expressions & la maniere de débiter un Récitatif & autres Chants qui demandent toute la force de l'esprit ou de l'ame, il faut que ce soit le Chanteur qui sente ce qu'il dit, & qui exprime ses sentimens par toute la véhémence de son Chant; qu'il soit très-attentif à bien desserrer les dents pour bien prononcer, qu'il ne néglige point les Sons, les Cadences, les Ports de Voix, ni tous les autres Agrémens; & le Maître alors recevra la juste récompense qu'exigent ses soins, par la satisfaction qu'il aura du progrès qu'aura fait son Eléve.

Dévelopement pourla maniere de sillabiquer.
141.
Air
Spirituel.
Celuy qui mettra sa vie, sousla garde
du treshaut, Repoussera de l'Envie le plus -
dangereux assaut: Il dira, Dieu redoutable,
C'est à ton bras formidable, que mon des -
tin est remis, Mes jours sont ta propre cause,
et c'est toy seul que j'oppo-se
à mes jaloux en ne-mis. - mis.

Parolles indifferentes, employées pour apprendre à passer plusieurs notes sur une seule sillabe, et où l'on trouvera le moyen de mettre en pratique la plus grande partie des agréments du chant.

Quel triom phe! quel le gloire! quel triom - - - - phe! quelle vic toi - - - - - - re quel triomphe quelle gloi - re, quelle victoi - - - - - - - - - - - - - re! quelle victoi - - re, quel triomphe! quelle victoi - - - - - - - - - - - - - - - re! quel triomphe! quelle gloi - - - - re, quelle victoi - re, quelle vic - toi - - - re! - - re!

lentement

Il faut faire un choix des plus beaux Motets, Airs à voix seule, Duo, et même des Recitatifs d'opera, Cantates, et autres morceaux de musique, dans lesquels le gout du chant puisse se faire sentir.

FIN.

www.ingramcontent.com/pod-product-compliance
Ingram Content Group UK Ltd.
Pitfield, Milton Keynes, MK11 3LW, UK
UKHW021824190726
13853UKWH00003B/1175

9 782329 602233